100억 부자 아빠가 물려주는

10살부터 시작하는 부자 습관

일러두기

1. 이 책의 맞춤법은 국립국어원 표준국어대사전을 따랐습니다.
2. 이 책은 어린이에게 투자나 사업을 종용하는 것이 아닌, 돈의 가치를 알고 자본주의 사회에서 어떻게 하면 돈을 잘 사용하고, 부를 키울 수 있는지 깨우치는 책입니다.
3. 부모님와 자녀가 함께 읽고 돈의 가치에 대해 깊이 있는 대화를 나누기를 권합니다.

100억 부자 아빠가 들려주는

10살부터 시작하는 부자 습관

작가의 말

**"부자는 특별한 사람이 아니라,
특별한 습관을 가진 사람이란다."**

애들아, 안녕?
나는 너희에게 돈과 경제 이야기를 들려주고 싶은 '100억 부자 아빠'란다. "부자 아빠라니, 돈이 정말 많다는 뜻이에요?" 하고 놀라는 친구도 있겠지. 맞아, 나는 열심히 일하고 현명하게 돈을 관리해서 100억 원이 넘는 재산을 모았단다. 그런데 중요한 건 돈의 많고 적음이 아니야. 내가 진짜 말해 주고 싶은 건 부자가 될 수 있는 습관이란다.

부자는 단순히 돈이 많은 사람을 뜻하지 않아. 돈을 올바르게 쓰고, 똑똑하게 모으고, 현명하게 불리는 방법을 아는 사람이지. 그리고 그 시작은 어린 시절에 배운 작은 습관에서 나온단다. 예를 들어, 하루에 100원을 아껴서 저축하는 습관, 필요한 것과 갖고 싶은 것을 구별하는 습관, 용돈 기입장을 쓰는 습관 같은 것 말이야.

너희는 아직 어리지만, 오늘부터 부자 습관을 하나씩

실천한다면 어른이 되었을 때 훨씬 더 자유롭고 행복하게 살 수 있어. 내가 어렸을 때 알았더라면 좋았을, 하지만 이제야 깨달은 지혜들을 너희에게 미리 알려 주고 싶어 이 책을 쓰게 되었단다.

 앞으로 이 책에서 너희는 돈의 비밀, 부자의 생각, 경제의 기본 원리를 배우게 될 거야. 너무 어렵지 않을까 걱정된다고? 겁낼 필요 없어. 마치 아빠가 옆에서 이야기를 들려주듯, 쉽고 재미있게 설명할게.

 자, 이제 우리 함께 출발해 보자.
 이 책을 다 읽고 나면, 너희도 '부자 습관'을 가진 어린이가 되어 있을 거야. 그리고 그 습관이 쌓이면, 언젠가 너희도 당당하게 말할 수 있게 된단다.

 "나도 부자 아빠, 부자 엄마가 될 거예요!"

부자 아빠 유근용

차례

프롤로그 · 8

용쌤의 경제 놀이터① · 51

1장
돈은 어디서 오고, 어디로 갈까?
돈 이야기

2장
돈이 자라는 마법!
돈을 키우는 투자

1. 돈은 왜 필요해요? · 12
2. 왜 어릴 때부터 돈에 대해 알아야 해요? · 14
3. 그럼 돈은 어떻게 벌어요? · 18
4. 그런데 돈이 꼭 많아야 해요? · 22
5. 집에 돈이 없거나 부족하면 어떡해요? · 27
6. 왜 누구는 잘살고 누구는 그렇지 못해요? · 28
7. 부자가 되기 위해서는 뭐부터 해야 해요? · 31
8. 초등학생인데 어떻게 돈을 모아요? · 37

1. 투자가 뭐예요? · 54
2. 어린이도 투자할 수 있어요? · 61
3. 은행과 증권회사가 하는 일이 뭐예요? · 66

용쌤의 경제 놀이터② · 71

경제를 움직이는 사업

1. 사업이 뭐예요? · 74
2. 사업을 하기 전에 가장 먼저 해야 할 일이 뭐예요? · 77
3. 학교에서 할 수 있는 사업도 있어요? · 80
4. 어린이가 할 수 있는 사업은 뭐가 있어요? · 81
5. 그래도 사업은 힘들지 않을까요? · 91

어린이가 알아야 할 세금

1. 세금이 뭐예요? · 98
2. 국세 · 99
3. 지방세 · 102
4. 관세 · 103

꿈을 현실로 만든 사람들 · 106

글을 마치며 · 114
경제 용어 사전 · 118
부를 이루게 도와주는 명언 · 120

프롤로그
결정!

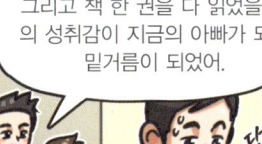

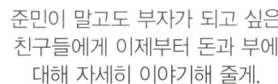

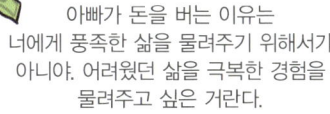

편의점에서 과자를 살 때, 문구점에서 포토카드를 살 때,
학원을 다니고 싶을 때도 돈이 필요해요.
카드를 사용해서, 또는 부모님이 내주셔서 그동안 돈에 대해 진지하게
생각해 본 적이 없다면 지금부터라도 돈이 왜 만들어졌고,
왜 필요한지 생각해 보아요.

1장
돈은 어디서 오고, 어디로 갈까?

돈 이야기

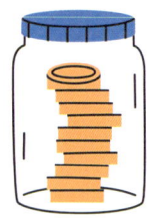

1. 돈은 왜 필요해요?

 세상에 돈이 왜 필요한지 생각해 본 적 있니? 돈이 없다면 돈을 버느라 힘들게 일하지 않아도 되고, 부자나 거지도 따로 없을 텐데 말이야. 돈이라는 화폐가 있기 전에 사람들은 **물물교환**을 했어. 산 근처에 사는 사람이 나물이나 약초를 캐서 바다 근처에 사는 사람이 잡은 물고기와 바꾸는 거지. 사람들이 그 정도로 만족하고 아무런 문제가 없었다면 돈은 필요 없었을 거야. 그런데 쉽게 얻을 수 있는 나물과

어렵게 잡은 귀한 물고기를 바꾸기에는 무언가 불공평하다고 생각했어. 손해를 보고 싶지도 않았지. 또한 사람들은 더 풍요롭게 살기를 원했단다. 물물교환에 불편함을 느끼기 시작한 사람들은 자기가 정당한 노력으로 얻은 물건을 값싼 물건과 바꾸는 대신 구리, 청동, 은, 금과 같은 것으로 바꾸게 됐어. 이렇게 돈이 생기기 시작한 거야.

  돈은 음식, 옷, 집처럼 사람이 살아가는 데 꼭 필요한 것을 사기 위해 필요해. 우리는 생존과 직접적인 연관이 있는

것을 구할 때 돈을 내야 한단다. 의료나 교통, 교육 등 삶을 편리하게 해 주는 서비스를 이용할 때도 돈이 필요하고, 이외에도 자기 계발이나 취미 활동, 갑작스러운 위기 상황 등을 대비하기 위해 사람들은 더 많은 돈을 원해.

결국 돈은 우리가 삶을 살아갈 수 있게 해 주는 수단일 뿐만 아니라 꿈꾸는 삶을 살 수 있게 해 주며, 더 나은 기회를 마련해 주는 중요한 역할을 하지.

2. 왜 어릴 때부터 돈에 대해 알아야 해요?

그런데 아직 어린 너희가 벌써부터 돈에 대해 알아야 하냐고? 그렇게 생각할 수 있어. 아직 돈을 벌고 있지도 않으니까.

돈은 돈을 벌고 있는 사람만 알아야 하는 것도 아니고 또, 단순히 많이 벌기 위해서 알아야 하는 것이 아니야. 우리가 살아가고 사회가 움직이는 원리를 알기 위해선 경제를 알아야 하고, 경제를 알기 위해서는 먼저 돈에 대해 알아야 해. 그건 사회 구성원인 어린이도 예외가 없단다. 그리고 어릴 때부터 돈과 경제에 대한 이해가 있으면 조금 더 빨리 부를 이룰 수

있어.

 이렇게 생각해 보면 어떨까? 네가 새로운 학교에 전학을 갔어. 아직 학교 시설에 대해 잘 모르고, 어떤 친구와 친하게 지내야 할지도 잘 모르지. 처음에는 모든 게 낯설고 어색해. 그런데 그중 학교의 모든 일을 다 알고, 친구 대부분과 친한 '경제'라는 친구가 있어.

그렇다면 다른 많은 친구 중에 경제와 가장 먼저 친해지는 것이 학교에 빨리 적응하는 데 도움이 되겠지? 돈을 안다는 것은 그런 친구와 친해지는 일이야.

 그렇다면 경제와 친해지기 위해서는 어떻게 해야 할까? 그 친구에 대해 아는 것이 좋겠지? 어떤 것을 좋아하고 어떤 행동을 좋아하는지, 무엇에 관심이 있고 무엇을 싫어하는지 말이야. 돈도 마찬가지야. 돈이 무엇을 좋아하고 돈은 어떤 행동을 좋아하는지, 돈이 어떤 것에 관심 있어 하고 어떤

행동을 싫어하는지 알아야 부를 이루는 데 도움이 된단다.

　돈은 물건일 뿐인데, 어떻게 그런 게 있을 수 있냐고? 하지만 돈을 정말 친구라고 생각해 봐. 어떻게 대하느냐에 따라 나에게 도움을 주는 친구가 될 수 있고, 서로 원수처럼 지내게 될 수도 있으니까.

돈 = 친구

　우선 돈을 친구라고 생각해 보자. 사귀고 싶은 친구가 있다면 어떻게 해야 할까? 친구니까 그 친구에 대해서 알아가고 싶겠지? 또 소중하게 대해 주고 싶을 거야. 돈도 마찬가지야. 돈에 대해 잘 알아야 돈을 잘 쓸 수 있어. 또 돈을 소중하게 생각한다면 돈을 아끼고, 꼭 필요한 데만 쓰게 될 거야.

　이처럼 어릴 때부터 돈에 대해 공부하고 친해진다면 스스로 돈을 관리할 수 있게 되고, 바람직한 소비 생활과 절약 습관을 기를 수 있단다. 나아가 경제 원리에 대해 궁금해질

거야. 경제 개념을 배우면 문제를 분석하고 해결하는 능력을 기를 수 있지.

돈 = 물건

　반대로 돈은 그냥 돈이고, 종이일 뿐이라고 생각해 봐. 마땅한 계획 없이 사고 싶은 것을 마구 사고, 있어도 그만 없어도 그만인 것처럼 느껴질 거야. 그저 종이일 뿐이니까 소중하게 대하고 싶은 마음이 생기지 않아. 그렇게 되면 정작 내가 돈이 필요할 때 돈은 이미 내 옆에 없게 돼.

3. 그럼 돈은 어떻게 벌어요?

어른들이 돈을 버는 방법은 크게 세 가지야. 첫 번째로 직장에 다니면서 정해진 돈을 받아. 이를 급여 또는 월급이라고 해. 두 번째는 사업을 하는 거야. 무언가를 다른 사람에게 파는 거지. 세 번째는 투자야. 미래에 더 큰 이익을 얻기 위해 돈이나 시간을 쏟는 일이야.

첫 번째 직장 이야기부터 해 볼까? 많은 부모님이 직장에 다니실 거야. 준민이 친구 부모님들도 대부분 직장에 다니실 테고. 자기가 좋아하는 일을 하는 회사에 다닐 수도 있고, 집과 가까운 곳 또는 돈을 많이 주는 곳에 다닐 수도 있지. 직장에 다니면 정해진 시간만큼 일하고, 정해진 **급여**를 받아. 여기서 정규직과 계약직으로 나뉘는데, 정규직이란 기간을 정하지 않고 특별한 이유가 없는 한 계속해서 일할 수 있다는 뜻이야. 반대로 계약직은 일하는 시간, 방식, 임금을 미리 정한 다음 정해진 기간만큼만 일을 하는 방식이지.

정규직

기간이 정해져 있지 않고, 회사에서 정해 둔 나이까지 쭉 일할 수 있는 업무 형태.

장점: 법적으로 문제가 되지 않는 선에서 안정적으로 회사에 다닐 수 있고, 다양한 혜택이 있다.

단점: 고정된 장소와 정해진 시간만큼 일해야 해서 자유롭게 시간을 쓰기 불편하다. 성과에 대한 책임이 크기 때문에 스트레스가 높을 수 있다.

계약직

기간이나 일하는 방식, 임금 등 계약을 통해 정한 뒤 그 기간만큼만 일하는 업무 형태.

장점: 계약에 따라 능력만큼 돈을 벌 수 있으며, 자유로운 환경에서 일하거나 자유롭게 시간을 쓸 수 있다.

단점: 계약 기간이 끝나면 더 이상 일을 못하게 될 수도 있으며, 정규직과 같은 양의 같은 일을 하면서 돈은 더 적게 받을 수도 있다.

   둘 중 어떤 것이 더 '좋다', '나쁘다'라고 말할 수는 없어. 변호사나 의사 같은 전문직도 직접 차린 사무실이나 병원이 아니면 어딘가에 소속돼서 일을 하게 되는데, 이 경우에도 정규직으로 일하거나 계약직으로 일하게 된단다.

   두 번째는 **사업**이야. 사업은 물건이나 서비스를 다른 사람에게 판매해. 작은 분식점이나 문구점을 여는 것도 사업이고, 커다란 쇼핑몰이나 호텔을 운영하는 것도 사업이지. 한편 가게를 열거나, 어딘가에 소속되어 있지 않지만, 자신이 가지고 있는 기술이나 재능을 파는 것을 '프리랜서'라고 하는데, 프리랜서도 어떻게 보면 사업의 하나라고 할 수 있어.

   마지막은 **투자**야. 투자는 주식이나 부동산 등 다른 가치나 자산을 돈으로 산 뒤 이익을 얻을 때까지 기다리거나 더 큰 이익을 얻고 되파는 거야. 투자는 지금 당장이 아닌 미래에 더 큰 가치나 이익을 얻으려는 경제 활동이지. 학원에 다니는 것도 미래를 생각하는 '투자'라고 볼 수 있어.

　자, 어떤 일을 했을 때 돈을 많이 벌 수 있을까? 대부분 사업이나 투자를 하면 돈을 많이 벌 수 있을 거라고 생각해. 물론 틀린 말은 아니야. 하지만 제대로 공부하거나 알아보지 않고 사업이나 투자에 뛰어들면 오히려 큰 빚을 질 수 있어. 사업이나 투자는 그만큼 부담과 위험이 있단다. 그래서 대부분 안정적인 직장에 다니는 거야. 큰돈을 벌기 힘들어도 다달이 돈이 생기니까.

Economy Shorts

1. 돈은 필요한 물건을 살 뿐만 아니라 사람이 사람답게 살아가는 데 필요한 서비스를 이용하기 위해 필요하다.
2. 사회를 살아가려면 어른도 어린이도 경제 원리와 돈에 대해 알아야 한다.
3. 돈을 종이나 물건이 아닌 친구로 생각해야 한다.
4. 돈을 버는 데는 크게 세 가지 방법이 있다. 직장, 사업, 투자이다.

4. 그런데 돈이 꼭 많아야 해요?

　돈이 많고 적은 것은 어떤 기준일까? 지금 초등학교 3학년 학생에게 일주일 용돈 1만 원은 적을까, 많을까? 누군가는 적다고 할 테고, 누군가는 많다고 할 거야. 만약 일주일에 용돈이 1만 원인 친구가 그 돈으로 준비물도 사야 하고, 교통비도 내야 하고, 간식까지 사 먹어야 한다면 매우 적은 돈이 될 거야. 하지만 부모님께서 준비물도 사 주시고, 교통비도 내 주시고, 간식까지 따로 사 주신다면 1만 원이 결코 적은 돈은 아니지.

　어른도 마찬가지야. 어떤 어른의 월급이 200만 원이라고 했을 때, 누군가에게는 적은 돈일 수 있지만 회사가 가깝고 부모님과 함께 사는 덕에 교통비나 집값, 세금 등이 따로 나가지 않는다면 어떨까? 혼자 아껴서 잘 생활한다면 200만 원도 큰돈이 될 수 있지.

　물론 누구에게나 절대적인 기준은 있어. 바로 **물가**야. 내 용돈은 일주일에 1만 원 그대로인데, 지난주에 1,000원이었던 과자가 이번 주에 2,000원이라면 내 돈은 그만큼 부족해지는 거야. 물가는 나중에 조금 더 자세히 배우기로 하고, 우선

하던 이야기부터 계속할게.

 이렇게 돈이 많고 적음은 **수입**이 얼마인지에 따라 달라지기도 하지만, 얼마나 쓰느냐인 **지출**에 따라 매우 달라진단다. 똑같은 돈이 있어도 지출이 적은 사람에겐 큰돈일 수도 있고, 지출이 큰 사람에게는 적은 돈이 되는 것이지.

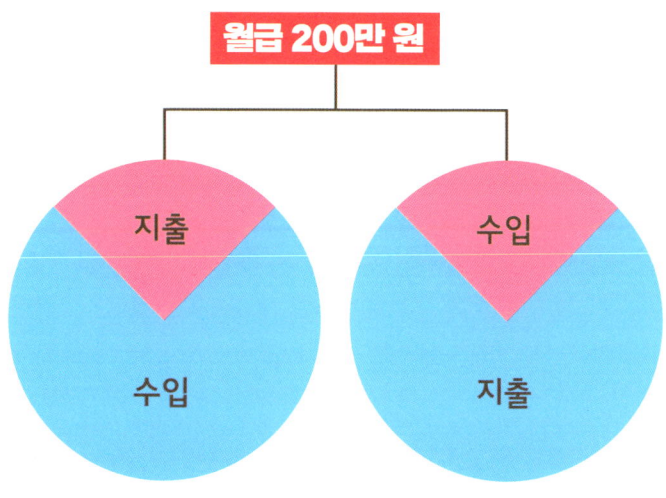

누가 돈을 더 많이 모을 수 있을까?

　그러니까 돈이 많지 않아도 살아가는 데 꼭 필요한 돈만 쓰고, 기본적인 생활을 해 나가면서 돈보다 중요한 가치에 만족하며 살 수도 있어. 또 불필요한 것을 사지 않고 소박하게 사는 데서 행복을 느낄 수도 있지. 사랑, 친구, 건강, 자연 등에서 얻는 행복은 돈으로 살 수 없을 뿐더러 돈보다 더 삶을 행복하게 만들어 주는 중요한 가치니까.
　하지만 돈을 많이 모을 수 있다면 삶은 어떻게 달라질까?

돈이 많으면 좋은 이유

첫째, 예기치 않은 상황에 대비할 수 있어.
예를 들어 가족 중에 누군가 갑자기 큰 병에 걸려서 병원비가 많이 드는 상황이 생길 수 있고, 부모님께서 직업을 잃거나 사업에서 큰 피해를 볼 수도 있지. 이럴 때 돈이 넉넉하지 않은 상황이라면 한 가정은 금세 무너지고 바로 회복하기 어려워. 다달이 써야 하는 지출을 빼고도 돈을 모아 두어 여유가 있다면 이런 상황이 발생해도 회복할 수 있단다.

둘째, 선택의 폭이 넓어져.
돈의 여유가 있다면 태권도 학원뿐만 아니라 악기, 외국어, 취미 등 배우고 싶은 것을 자유롭게 배울 수 있어. 하나만 선택해야 한다는 고민이나 스트레스에서 벗어날 수 있어. 또 다양한 경험을 하게 되니 삶이 풍요로워진단다.

셋째, 사회에 긍정적인 영향을 끼칠 수 있어.
적은 돈을 아껴서 어려운 사람을 돕는 것도 훌륭한 일이야. 하지만 돈이 여유롭다면 더 많은 사람에게 큰 금액을 기부할

수 있어. 또는 사업을 통해 많은 사람에게 일자리를 줄 수 있지.

　넷째, 정신적으로 안정감이 들어.
　첫 번째 이유에서 본 것처럼 어떤 상황이 닥쳐도 일단 경제적으로 해결할 수 있는 문제들은 금세 해결할 수 있으니 불안하지 않아. 또 선택권도 넓으니 훨씬 자신감도 생겨. 어떤 일이든 해결할 수 있다는 자신감은 또 다시 다른 일을 긍정적으로 해낼 수 있는 힘을 준단다.

　마지막으로, 나뿐만 아니라 가족에게 풍족한 생활을 누리게 해 줄 수 있어.

　물론 풍족한 생활보다 더 중요한 것은 안정감과 자신감이 생긴다는 사실이야. 어때? 돈이 적다고 꼭 불행한 것은 아니지만, 많다고 해서 나쁠 것은 없겠지?

5. 집에 돈이 없거나 부족하면 어떡해요?

　그런데 이쯤에서 궁금한 것이 있을 거야. 초등학교 저학년인 친구들은 잘 모를 수 있겠지만 3~4학년이 되면 우리 집에 돈이 많은지, 적은지 대충은 눈치챌 수 있을 거야. 물론 부모님께서 먼저 자세히 가르쳐 주시지 않는다면 언뜻 봐선 잘 모를 수 있어. 돈이 적어도 신용카드나 대출을 받아 돈을 펑펑 쓰는 부모님이 계실 수 있고, 돈이 많아도 작은 집에서 알뜰하게 절약하며 살 수도 있으니까.

　부모님의 경제 상황이 어떻든 만약 지금 아빠가 하는 돈에 대한 이야기가 부모님의 경제 상황에 따라 좌지우지되는 문제라면 이 책을 읽을 필요도 없겠지? '우리 집은 부자니까, 나도 당연히 부자인 거 아냐?'라고 생각하거나, 반대로 '우리

집은 가난하니까 나도 가난하게 살 수밖에 없지 않을까?'라고 생각하고 있다면 아주 잘못된 생각이야.

　아빠는 이 책을 읽는 친구들의 부모님이 부자인지 아닌지는 중요하지 않다고 생각해. 정말이야. 왜냐하면 아빠도 어릴 때 정말 가난했거든. 그래서 스무 살이 다 되도록 집이 가난하고 나에게 돈이 없는 게 당연하다고 생각했어. 그런데 그게 아니었지.

　스스로 부자가 되는 것과 부모님의 경제력은 상관없어. 지금 당장 집에 돈이 없어서 학원에 다닐 수 없어도, 스스로 돈에 대해 어떤 생각을 갖느냐에 따라 앞으로의 삶은 완전히 달라질 수 있단다. 반대로 날마다 맛있는 외식을 하고, 갖고 싶은 것을 다 가지며 살 수 있다고 해도 돈을 아껴 쓰지 않거나 돈에 대한 공부를 하지 않으면 그 반대가 될 수도 있지. 절대 그럴 리 없다고? 자, 한번 생각해 보자.

6. 왜 누구는 잘살고 누구는 그렇지 못해요?

　우리나라는 자유주의 국가야. 그리고 자본주의 국가이기도 하지. 자유주의란 누구나 자유롭게 살아갈 권리가 있으며,

이러한 권리를 보장해 주고, 타인의 권리를 침해하지 않는 선에서 누구나 자유롭게 선택할 수 있다는 개념이야.

자본주의(資本主義)란 재화, 그러니까 돈의 소유권을 개인이 자유의지에 따라 법 안에서 정당하게 가질 수 있다는 개념이야. 즉, 개인 스스로 자본을 굴려서 이윤을 얻는 경제 방식을 택한 나라이지. 갑자기 자유주의니, 자본주의니 어려운 용어를 설명하니까 의아하지? 그래도 잘 들어 봐.

자본주의

'돈'으로 물건을 사고팔 수 있는 세상.
사람들이 가게를 열거나, 물건을 자유롭게 팔고,
다른 사람이 돈을 주고 물건을 살 수 있다.

우리와 같은 민족이지만 다른 정치 체제(국가나 사회를 이루는 전체적인 틀)를 가지고 있는 북한을 살펴볼까? 북한은 독재 정치를 기반으로 공산주의를 선택했어. 공산주의(共産主義)란 공장, 농지 등의 생산수단을 개인이 갖지 못하고 모든 사람이 똑같이 분배하는 방식을 말해.

공산주의

모두가 함께 일하고, 그 결과를 나눠 가지는 세상.
돈을 많이 벌고 적게 버는 사람이 따로 있는 게 아니라,
다 같이 열심히 일하고 필요한 만큼 나눈다.

　사실 공산주의는 자본주의의 부작용을 반대하고 비판하는 독일 경제학자 마르크스와 사회주의 철학자 엥겔스가 만든 개념이야. 모두가 똑같이 일하고, 일한 만큼 나누는 평화로운 사회를 꿈꾸었지. 하지만 북한에서는 공산주의가 착취의 개념으로 잘못 활용되고 있어. 지금의 북한은 어떨까? 개인이 노력한다고 해도 국가에서 나눠 주는 것 외에는 아무것도 가질 수 없어. 만약 국가에서 아픈 것도 공짜로 치료해 주고, 먹을 것도 넉넉히 주고, 교육도 누구나 똑같이 받게 해 준다면 수익을 똑같이 나눈다고 해도 큰 불만이 없을지 몰라. 하지만 지금의 북한은 **특권층**만 배불리 먹고 일반 주민들은 먹을 것이 없어서 굶주리고 있지.
　물론 자본주의도 단점은 있어. 하지만 적어도 우리나라를

비롯해 자본주의를 선택한 나라는 스스로 '부자'가 되는 것을 '자유롭게' 선택할 수 있지.

그런데도 왜 여전히 부자인 사람이 있고 그렇지 못한 사람이 있을까?

그건 부자가 되는 방법을 잘 모르거나, 부자가 되는 방법을 알면서 실천하지 않았거나, 부자가 되기를 원치 않기 때문이야. 앞서 말했듯이 많은 것을 가질 필요 없이 소박하게 살고 싶은 사람이 있을 수도 있으니까.

그러니 준민이를 비롯한 이 책을 읽고 있는 친구들이 앞으로 '부자'가 되고 싶다면 아빠와 함께 이야기를 끝까지 나누어 보자.

7. 부자가 되기 위해서는 뭐부터 해야 해요?

아직 어린 친구들에게 돈이나 부자에 대한 이야기를 하는 게 누군가에게는 불편하게 들릴 수 있어. '어린아이한테 벌써 돈을 너무 밝히게 하는 거 아니냐.'라고 생각할 수 있지. 그런 생각도 충분히 공감해. 어릴 때는 그저 잘 놀고 잘 자라면서 어린이다운 순수함을 잃지 않는 것도 중요하니까. 하지만 그에 못지않게 이제 십대로 접어든 너희에게 스스로 삶을

개척할 수 있는 씨앗을 심어 주는 것도 매우 중요하다고 생각해.

　생각해 볼까? 세계 경제는 이제 **저성장 시대**에 접어들었어. 저성장이 뭐냐고? 커 가는 속도가 낮아지고 있다는 뜻이야. 예를 들어 예전에는 한 사람의 경제력 성장 비율이 10퍼센트(%)대였다면 지금은 3퍼센트도 채 안 된다는 이야기지.

　출산율(아기를 낳는 비율)이 점점 낮아져 일할 사람이 줄어들고, 자원도 줄고 있어. 거기에 환경은 점점 오염되고 있지. 여러모로 경제가 성장하기 어려운 환경에 놓여 있어. 우리나라뿐만 아니라 전 세계가 다 그래. 너무 우울한 이야기인가?

　그래서 지금의 어린이 세대와 다음 세대를 위한 대비가 필요해. 물론 이런 대비는 어른들이 해야 할 일이지만, 미래에 어떤 변화가 닥치더라도 너희 스스로 준비할 수 있는 힘이 필요한 거야. 그러기 위해서는 어릴 때부터 현명하고 슬기롭게 소비하는 방법과 미래를 준비할 힘을 키워야 한단다. 이것이 곧 부자가 되는 씨앗이기도 하고 말이야.

　부자가 되기 위한 첫걸음은 나에게 필요한 물건과 그렇지 않은 물건을 구분할 줄 아는 거야. 대부분 초등학교 때는 용돈 외에 특별한 수입이 없어. 하지만 부모님이 사 주시는 학용품이나 선물, 친척이나 어른들께 받은 용돈이나 선물도 있지? 아니면 갖고 싶은 것을 부모님께 사 달라고 조르기도 하고 말이야.

 자, 이제부터 방 안에 있는 물건들을 다 꺼내서 살펴보자. 문구류부터 옷, 장난감, 보드게임 등등. 한 자리에 모아 보는 거야. 이제 물건들을 날마다 쓰는 것과 아닌 것으로 나누어 봐. 날마다 쓰는 물건은 제자리에 두고 날마다 쓰지 않는 물건, 일주일 동안 한 번도 쓰지 않은 물건을 나누어 보자. 어때, 일주일은커녕 한 달 동안 쓰지 않은 물건도 있지?
 '이런 게 나한테 있었나?' 싶은 물건도 있을 거야. 나에게 필요 없는 물건은 다른 친구에게 주거나 알뜰시장에 되팔아 보자. 처음에는 너무 갖고 싶어서 부모님께 졸라서 산 연예인 굿즈나 포토카드 같은 것도 다른 사람에게 되팔 수 있어. 물론 처음 샀을 때는 나를 설레게 한 물건이었겠지만, 더는 나를 설레게 하지 않거나 필요 없다면 다시는 그 물건을 사지 않는 거야.

 가장 현명한 소비는 소비하지 않는 거란다. 무슨 말이냐고? 물건은 되도록 꼭 필요한 물건만 사고, 그마저도 어디서 얻거나 저렴하게 구한다면, 돈을 아낄 수 있단 뜻이야. 물론 어릴 때는 갖고 싶은 것도 많고, 학년이 올라갈수록 그때그때 필요한 물건도 많아. 하지만 조금만 더 생각하면 꼭 사지

않아도 될 물건도 있고, 주위를 둘러보면 같은 물건이라도 더 싸게 살 수 있는 곳이 많단다.

 이렇게 나에게 어떤 물건이 필요한지, 필요 없는지 생각하는 연습을 해야 해. 그리고 부모님께도 이런 내 생각을 말씀드리고 함께 실천하는 것이 중요하지. 사실 부모님은 사랑하는 자녀에게 더 좋은 것을 사 주고 싶고, 모자람 없이 채워 주고 싶어 해. 그리고 준민이 같은 어린

 친구들은 부모님이 사 주시는 걸 당연하다고 생각했을 거야. 부모님께서는 늘 나에게 무언가를 해 주니까. 하지만 이제 이런 물건들이 하늘에서 뚝 떨어지는 것이 아니라 부모님께서 열심히 일한 노동의 대가로 얻은 '돈'이라고 생각해 봐. 아무거나 사 달라고 조를 수는 없겠지? 며칠 쓰지도 않을 물건을 말이야.

 물건을 사지 않거나 필요한 것을 얻어 쓰면 좋은 점이 또 있어. 환경을 보호할 수 있다는 점이야. 필통이나 샤프, 포토카드 한 장을 만드는 데도 많은 에너지가 쓰여. 뿐만 아니라 자원도 필요하지. 물건을 사지 않으면 이런 자원도 아낄 수 있는 거란다.
 다시 한번 말하지만 무조건 사지 말라는 것이 아니야. 물건을 사기 전에 나에게 꼭 필요한 것인지 곰곰이 생각해 봐. 똑같은 물건을 여러 개 가지고 있을 필요는 없어. 그리고 반드시 필요한 물건이 있다면, 중고 제품을 이용하거나 누군가에게 물려받도록 하자.
 이렇게 쓸데없는 물건을 사지 않는 습관을 들이다 보면 용돈을 아끼는 것은 물론 나중에 나에게 더 큰 수익이 생겼을

때 현명한 소비를 할 수 있게 된단다.

8. 초등학생인데 어떻게 돈을 모아요?

자, 이제 물건도 정리했고, 더 이상 쓸데없는 물건을 사지 않아야 한다는 것도 알았는데, 초등학생이 어떻게 하면 돈을 모을 수 있냐고? 아니 초등학생이 돈을 모아야 할 필요가 있을까?

사실 어른이 되기 전에는 열심히 공부하는 것만으로도 할 일을 다 하는 거라고 생각해. 직업이 '학생'이잖아. 하지만 학교에서 배우는 것만이 전부는 아니야. 국어, 수학, 영어 말고도 세상에는 배울 것이 참 많아. 학교에서 배우는 공부는 사고력을 키워 주고, 학교생활은 대인관계와 사회생활을 배우게 해 줘.

하지만 학교에서 직접적으로 돈을 버는 방법을 가르쳐 주지는 않아. 학생 때 알아야 할 것을 공부하는 것만으로도 벅차거든. 게다가 미성년자가 돈을 벌기 위해서는 제약도 많아. 어릴 때부터 돈에 대해 알 필요가 없다고 생각하는 어른도 많지. 그런데 지금 당장 돈을 벌지 못한다고 해도

돈을 모을 수는 있어. 돈을 모아 두면 왜 좋은지, 돈을 모아서 무얼 하면 좋을지 알려 줄게. 이제부터 돈을 어떻게 모으는지 알아볼까?

1) 목표를 세운다

　돈을 모으기 전에 가장 먼저 해야 할 일은 목표를 세우는 거야. 돈을 왜 모아야 하는지 모르겠다고 생각하는 친구들은 굳이 돈을 모으지 않아도 돼. 하지만 돈을 모으기로 마음먹은 친구라면 반드시 목표를 세워야 해. 공부할 때도 마찬가지야. 목표를 세우지 않고 시키는대로 공부하면 금방 의욕을 잃게 되거든.

　목표를 세울 때는 큰 목표부터 세우는 거야. '대학 등록금을 스스로 마련하겠다.'거나 '종잣돈을 모아 사업이나 투자를 해보겠다.' 같은 목표도 좋고 '부모님께 선물을 사 드리고 싶다.' 또는 '블록 장난감을 사고 싶다.' 같은 목표도 좋아. 이런 목표는 책상이나 벽에 붙일 수 있도록 종이에 쓰자.

이렇게 큰 목표를 세웠다면 구체적인 목표를 세우는 거야. 이때는 구체적인 금액을 적어.

예를 들어 대학 등록금을 마련하기로 목표를 세웠다면 '3년 동안 500만 원을 모으겠다.'라고 쓴 다음, '1년에 166만 원씩 모은다.'라고 쓴 뒤, 한 달에 얼마씩 모을지 구체적으로 쓰는 거지.

목표 예시

- 큰 목표(장기 목표): 10년 동안 대학 등록금 1,000만 원을 스스로 마련한다.
- 중간 목표(중기 목표): 1년에 100만 원씩 모은다.
- 세부 목표(단기 목표)
  - 매달 용돈과 친척들에게 받는 용돈을 모은다.
  - 불필요한 물건을 사지 않는다.

　그리고 각 목표를 실천하기 위한 습관을 만들어야 해. 예전에는 용돈을 받자마자 무조건 사고 싶은 것을 샀다면, 목표를 세운 뒤에는 통장에 저금한 뒤 예산을 작성한 다음 사용한다거나, 물건을 사고 남은 동전은 무조건 모은다거나 하는 생활 습관을 만드는 거야.

2) 용돈을 모은다

　초등학생이 돈을 모을 수 있는 가장 현실적인 방법은 용돈을 모으는 일이야. 일주일에 1,000원을 받든, 1만 원을 받든, 필요한 학용품을 부모님께서 사 주신다면 사실 초등학생이 용돈을 쓰는 데는 대부분 편의점 아니면 문구점일 거야. 콜라를 사 마시거나, 떡볶이를 사 먹거나, 스티커 사진을 찍는 데 돈을 쓰겠지? 친구랑 놀 때 돈이 들기도 하고 말이야. 적은 용돈을 남겨 모으기란 쉽지 않지. 그러니 용돈을 받는 친구라면 용돈 기입장을 꼭 써 봐.
　처음에 돈을 모아야겠다는 생각 없이 일단 평소 소비 습관대로 쓰고 그걸 그대로 용돈 기입장에 적는 거야.

죄책감을 가질 필요도 없어. 그렇게 2주 정도 자신의 **소비 습관**을 쭉 훑어봐. 그럼 '이런 건 사지 않아도 됐겠다.' 하는 것들이 보일 거야. 그런 것들을 목록에 써 보자. 그런 다음 표 하나를 만들어.

<용돈 기입장 예시>

날짜	무엇을	용도	들어온 돈	나간 돈	남은 돈
9/4(월)	용돈		12,000원		
9/4(월)	콜라	간식		2,000원	10,000원
9/5(화)	젤리	간식		3,000원	7,000원
9/6(수)	포카	취미		1,000원	6,000원
9/7(목)	콜라, 젤리	간식		5,000원	1,000원
9/8(금)	포카	취미		1,000원	0원

그러고는 꼭 사지 않아도 되겠다고 생각하는 물건들을 적고 그 중에 사고 싶은 마음이 생기면 한 번 꾹 참는 거야. 만약 참지 못해서 물건을 샀다면 가격을 적고, 참았으면 참았다는 표시를 해 둬. 그리고 일주일동안 적은 걸 비교해 봐.

<사치 품목>

품목	월	화	수	목	금	토	합계
콜라	2,000원	♥	♥	2,000원	♥	♥	4,000원
포카	♥	♥	1,000원	♥	1,000원	♥	2,000원
젤리	♥	3,000원	♥	3,000원	♥	♥	6,000원
쓴 돈	2,000원	3,000원	1,000원	5,000원	1,000원	없음	12,000원
아낀 돈	4,000원	3,000원	5,000원	1,000원	5,000원	6,000원	24,000원

처음 용돈 기입장과 비교했을 때보다 쓴 돈은 훨씬 줄었을 거야. 아낀 돈이 점점 커지고 쓴 돈이 줄어드는 걸 직접 눈으로 확인하면 용돈을 점점 많이 모을 수 있어.

지출을 줄이지 못했다고 스스로 탓할 필요는 없지만, 다음에 다시 그 물건을 살 때 꼭 생각해 봐. '지금 당장 이 물건이 없으면 불편할까?', '이걸 사는 대신 다른 걸로 대체할 수는 없을까?' 같은 질문을 스스로에게 해 보는 거야. 그리고 스스로 필요 없는 물건인 걸 알고, 사고 싶은 마음을 참아

냈을 때 어떤 보상을 해 줄 수 있는지 생각해. 물건을 내 것을 만들고 싶다는 욕심을 버리고 이겨 낼 때마다 다른 식으로 스트레스를 풀어 주는 거지. 최애의 노래 감상 시간을 30분 더 늘린다거나, 놀이 시간을 30분 더 늘리는 식으로 말이야. 돈을 쓰지 않고도 재미와 행복을 찾아가는 거야.

3) 용돈의 10분의 1은 없는 돈이라고 생각하고 모으자

　사고 싶은 걸 사지 못하고 돈을 아껴 쓰라고 하면 처음에는 힘들 거야. 용돈 1만 원을 받으면 1만 원을 다 쓰다가 갑자기 사고 싶은 걸 포기하고 참으라니. 하지만 나중에 더 큰 걸 얻기 위해서 지금 당장 눈앞에 보이는 자잘한 욕심을 참는 것은 매우 중요해. 그리고 용돈은 반드시 현금으로 받아야 한단다. 눈앞에 실제 돈이 보여야 얼마를 쓰면 얼마나 사라지는지 바로 느껴지거든. 그런데도 갖고 싶은 걸 도저히 포기 못하겠다는 친구는 용돈의 10분의 1은 없는 셈치고 무조건 **저축**하자.

　일주일에 용돈이 1만 원이면 1,000원씩, 한 달에 4,000원을 모을 수 있어. 사실 1만 원으로 일주일을 생활하나 9,000원으로 일주일을 생활하나 크게 차이는 없을 거야. 그저 과자 한 봉지 덜 사 먹는 셈이지. 그렇다 하더라도 내가 저금한 1,000원이 나중엔 큰 힘을 발휘하게 될 테니 두고 봐. 한 달에 4,000원씩 1년만 모아도 4만 8,000원이야. 거기에 명절에 친척이나 부모님 친구 등에게 받은 용돈을 매번 10분의 1씩 저금한다면 1년에 10만 원은 거뜬히 모을 수 있지.

　자, 그럼 이렇게 아낀 돈은 어디에 두어야 할까? 돼지 저금통에 모으는 것도 좋지만 그렇게 되면 **이자**는 없어. 눈에 보이니까 당장 쓰고 싶은 유혹도 생기지. '이자'가 뭐냐고?

　이자란 은행에서 돈을 맡긴 대가로 받는 사용료야. 저금한 액수에 일정 비율의 돈을 더해 주는 거지. 그래서 이자율 또는 **금리**라고 해. 내 돈을 은행이 맡아 주는데 돈을 내는 게 아니라 왜 돈을 고객에게 줄까? 은행도 고객이 맡긴 돈을 가지고 투자를 해서 수익을 얻기 때문이야. 이 이야기는 조금 이따가 자세히 해 줄게. 그래서 은행에 예금이나 적금을 들 때는 금리를 잘 확인해야 해. 은행도 여러 종류가 있는데 기본 금리가 조금씩 다르거든.

〈기간별 정기 예금 상품 금리 비교〉

은행	상품명	12개월 만기	36개월 만기
A은행	희망정기예금	3.00%	3.30%
B은행	튼튼플러스예금	3.50%	3.80%
C은행	스타정기예금	3.65%	3.75%
D은행	꿈나무정기예금	3.70%	3.70%
E은행	초록정기예금	4.10%	3.80%
⋮	⋮	⋮	⋮

　금리란 화폐의 실제 가치를 물가 상승률에 반영해서 보상해 주는 이자를 말해. 같은 만 원이라도 물가가 높아지면 이자도 높아져. 그러니 이자 없는 돼지 저금통보다는 이자를 주는 은행에서 예금을 만들어 은행 계좌에 넣어 두는 게 좋겠지?

　은행에서 예금 계좌를 만들 때는 다음과 같은 준비물이 필요하니까 꼭 챙겨가자.

· 도장(요즘은 사인으로 많이 해.)
· 본인 기준 기본증명서(상세)
· 가족관계증명서
· 부모님 신분증

은행마다 준비물이 다를 수 있으니 가기 전에 꼭 확인해 봐.

4) 돈을 모으면 좋은 점

　자, 이렇게 돈을 모으면 좋은 점은 뭘까? 물론 돈을 모으기

전 세웠던 목표를 이루는 것만으로도 뿌듯하겠지? 그보다 좋은 점은 첫 번째로 '돈을 관리하는 능력'이 생긴다는 거야. 어른들은 이것을 '자산 운용'이라고 해. 돈을 가장 편하게 모으는 방법은 부모님께 맡겨 두는 것이지만, 그렇게 되면 내 용돈이 매달 얼마큼 모이고 있는지 알 수 없고, 스스로 돈을 관리하는 연습도 해 볼 수 없어. 초등학교 때 공부를 해 보지 않은 사람이 갑자기 대학 공부를 할 수 없듯이, 어릴 때 돈 관리를 해 보지 않은 사람이 커서 갑자기 돈 관리를 할 수 없겠지? 그래서 어른들이 대학을 졸업하고 사회에 나가서 **재테크** 같은 공부를 열심히 하는 거란다.

모으는 과정 자체로도 돈에 대한 공부가 되는데 목표까지 이루게 된다면 어떨까? 성공하는 법을 배우게 돼서 성취감과 자신감이 생겨. 어릴 때 하나씩 얻는 성취감과 자신감은 어른이 될 때 꼭 필요한 자양분이 된단다.

성취감과 자신감은 어떤 일을 할 때 해낼 수 있다는 용기가 생기는 아주 중요한 씨앗이야. 그 씨앗이 모여 성공하는 사람의 밑바탕이 되는 거지.

두 번째는 **종잣돈**이 생겨. 종자는 씨앗을 의미해. 종잣돈은 씨앗이 되는 돈이지. 무슨 씨앗일까? 맞아, 어떤 일을 하는 데 기초가 되는 돈이야. 나아가 부자가 될 수 있는 돈이기도 하지. 부자가 되고 싶다면 반드시 종잣돈을 모아야 해. 그리고 조금 더 빨리 종잣돈을 모을 수 있는 방법이 있는데 그건 바로 **복리**야. 은행에서 돈을 맡겨 줘서 고맙다고 '이자'를 준다고 했지? 일반 예금 이자는 원금에 대해서만 이자를 주는데 이를 **단리**라고 해. 복리는 원금에 대한 이자는 물론 이자에 대한 이자도 줘.

예를 들어볼게. 통장에 용돈 10만 원을 입금했어. 이자율이 연 10퍼센트야. 보통의 은행 예금이라면 1년에 1만 원의 이자를 줄 거야. 복리도 첫 해에는 똑같이 원금에 10퍼센트만 주지. 그런데 2년째부터 일반 예금과 복리 예금이 확실한 차이를 보여. 일반 예금은 다음 해에도 똑같이 10퍼센트의

이자를 주지만, 복리 예금은 원금이 11만 원, 이자는 1만 1,000원, 3년 차에는 원금이 12만 1,000원, 이자는 1만 2,100원이 돼. 처음에는 얼마 차이가 나지 않아 보여도 5년이 됐을 때는 엄청난 차이가 나겠지? 그저 똑같이 은행에 돈을 맡겼을 뿐인데 말이야.

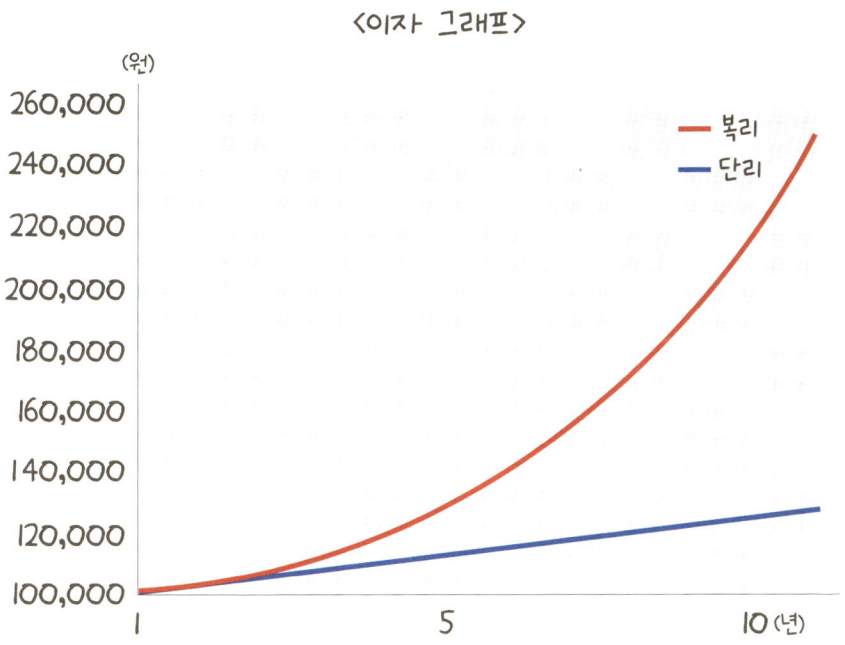

복리 상품에 가입할 때는 반드시 '비과세' 즉, 추가로 내는

세금이 없는 상품을 골라야 한다는 것 명심해. 아무튼 은행에 돈을 저금하기로 하고 통장을 만들기로 한 것만으로도 충분히 훌륭해. 부자될 자질을 충분히 갖춘 셈이야. 그런데 이보다 더 발전된 부자 씨앗을 갖추려면 투자를 해 봐야 한단다.

Economy Shorts

1. 돈이 행복을 만들지는 않는다. 하지만 돈이 있으면 예기치 않은 상황에 대비할 수 있고, 선택의 폭이 넓어져 풍요로운 생활을 할 수 있다.
2. 부모님이 부자라고 해서 나도 부자이고, 부모님이 가난하다고 해서 나도 가난한 건 아니다. 내가 앞으로 돈에 대해 공부하고 부자가 되길 원하면 나도 부자가 될 수 있다.
3. 돈을 모으기 전에 구체적인 계획을 세우고 습관화한다.
4. 돈을 모으는 것은 곧 돈을 관리하는 능력이며, 목표를 이루면 성공의 씨앗인 성취감과 자신감을 얻게 된다.
5. 은행 예금은 단리보다 복리 상품이 좋다.

용쌤의 경제 놀이터 ❶

1. 그림과 초성을 보고 알맞은 용어를 써 보세요.

ㅁㅁㄱㅎ

2. 직장에 다니면서 정해진 돈을 받는 것을 뭐라고 할까요?

① 투자
② 주식
③ 급여(월급)

투자는 어른들만 하는 거 아니냐고요?
우리가 학교에 다니고, 공부를 하고, 학원에 다니는 것도
넓은 개념의 투자예요.
어른들은 어떤 투자를 하는지,
어린이는 어떤 투자를 할 수 있는지 알아보아요.

2장
돈이 자라는 마법!

돈을 키우는 투자

1. 투자가 뭐예요?

앞에서 왜 어린 시절부터 돈에 대해 알아야 하는지, 어떻게 돈을 모아야 하는지 잘 이해했니?

이제부터 돈을 키우는 방법, 투자에 대해 본격적으로 설명해 볼게. 앞에서 어른들이 돈을 버는 방법 중 마지막으로 설명했던 '투자'를 기억해? 사전에서 투자라는 말을 찾아보면 "이익을 얻기 위해 어떤 일이나 사업에 자본을 대거나 시간이나 정성을 쏟음."이라고 나와. 부를 이루기 위해서는

목표 세우기(구체적인 목표), 아껴 쓰기(절약해서 종잣돈 만들기), 모으기(저축), 불리기(투자), 유지하기(지속적인 부의 공부) 이렇게 다섯 가지 원칙이 필요해. 이 중에서 종잣돈을 크게 키우려면 **투자**가 필요하단다.

<부자가 되는 과정>

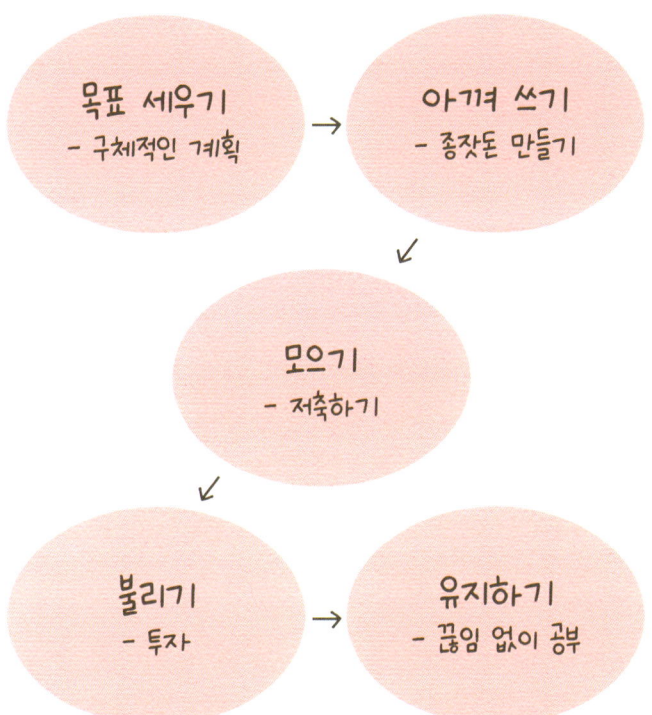

   초등학교에 다니는 친구라면 부모님이나 선생님으로부터 주식이나 부동산 등을 사고파는 개념에 대해 한 번쯤 들어 보거나 배운 적이 있을 거야. 주식이나 부동산 거래가 대표적인 투자 방법이거든. 그런데 각종 뉴스나 어른들 얘기를 들어보면 투자에 대해 부정적인 의견도 많아. 어디에 얼마를 투자해서 다 잃었다는 둥, 주가를 조작해 사기를 당했다는 둥 뉴스에서는 대부분 투자와 관련된 범죄를 많이 다루지. 그래서 투자에 대한 인식이 좋지 않아.

   투자는 복권처럼 한 번에 일확천금(힘들이지 않고 단번에 많은 재물을 얻음)을 얻기 위해 무작정 돈을 쓰는 개념이 아니야.

   만약 준민이 반에 축구를 잘하는 친구 '형식이'와 '민철이'가 있다고 치자. 두 친구가 축구를 굉장히 잘해서 나중에 정말 성공할 것 같아. 그래서 친구가 축구하는 데 작게나마 도움이 되도록 다달이 우유를 선물한다고 해 보자. 그런데 내 용돈으로는 한 친구에게만 우유를 사 줄 수 있지. 그렇다면 더 성공할 가능성이 있는 친구에게 우유를 사 주는 게 좋겠지? 그러기 위해선 그 친구가 축구 경기하는 모습을

자세히 살펴봐야 할 테고, 친구의 체격 조건이나 앞으로 축구할 수 있는 환경이 잘 갖추어져 있는지, 형식이와 민철이 중에서 누가 더 축구를 간절히 원하고 앞으로 축구 선수가 될 의지가 있는지 꼼꼼하게 알아봐야 해. 그래야 축구 선수로서 더 성공할 가능성이 있는 친구를 가늠할 수 있으니까.

그렇지 않고 나와 친한 친구란 이유로, 아니면 다른 친구가 추천한다는 이유로 우유를 투자한다면 어떨까? 투자에 실패할 가능성이 커져.

이처럼 투자할 곳을 정하려면 내가 직접 투자 대상에 대해 면밀히 공부하고 살펴야 해. 그리고 신중하게 투자해야 하지.

그런데 대부분이 투자 대상에 대해 자세히 공부하지 않고, 남이 하니까 따라서 하거나 누가 추천해 준다는 이유로 하기 때문에 실패하는 거야. 열심히 공부해도 투자에 성공하지 못할 수도 있는데 말이야.

우선 투자에 대해 자세히 설명해 줄게. 투자에는 크게 주식, 채권, 부동산 투자가 있어. 하나씩 알아보자.

1) 주식 투자

아까 축구 경기를 잘하는 친구에게 투자하고 싶으면 어떻게 해야 한다고 했지? 그 친구가 축구를 잘하는지, 축구에 대한 앞으로의 계획이 있는지, 축구를 잘할 수 있는 환경이 갖추어져 있는지 등을 봐야 한다고 했지. 주식 투자도 비슷해. **주식 투자**는 기업, 그러니까 회사의 주식을 구매해 해당 기업이 성장하면 이익을 나누어 주는 방식이야. 주식은 증권 거래소를 통해 거래되는데. 주식의 가격은

정해져 있지 않고 늘 변한단다. 기업이 성장하면서 수익이 늘면 주식이 올라서 주식을 산 주주들에게 배당금을 나누어 줘. 상승된 주식을 현금으로 바꾸면 이익을 얻을 수 있지. 그러니까 주식이 저렴할 때 사 두었다가 가격이 오르길 기대해야겠지? 하지만 반대로 기업이 어려워지거나 망하면 주식 가격도 떨어지거나 아예 휴지 조각이 될 수도 있어. 그러면 내가 산 주식의 가치가 떨어지는 등 큰 손실을 입게 되지.

2) 채권 투자

채권은 정부나 기업, 공공기관이 발행한 부채 증서야. 기업이나 공공기관에서 어떤 사업을 운영할 때 가장 먼저 필요한 게 돈이겠지? 그런데 돈이 부족할 수 있잖아. 그걸 정부에서 빌려주는 거야. 수익성이 괜찮은 사업이라면, 경제 발전에도 좋고 일자리 창출도 되거든. 기업이 잘돼야 나라 살림도 윤택해지니까.

돈을 빌려주는 거야. 이때 돈을 빌려주면서 채권이라는 유가증권을 써. 종이에다가 얼마를 빌려주었으니, 나중에 이자까지 얼마를 갚아야 한다는 증서야. 그런데 정부도 나라 살림을 운영하려면 돈이 필요하잖아? 그래서 일반 사람에게 이 채권을 파는 거야. 주식과 마찬가지로 이익을 얻을 수도 있고 손해를 볼 수도 있어.

3) 부동산 투자

부동산이란 아파트, 빌라, 공장, 토지 등 옮길 수 없는 재산이란다. 다양한 형태의 부동산을 산 다음, 다른 사람에게 빌려줘서 임대 수익을 얻거나 저렴하게 샀다가 가치가 올랐을 때 비싸게 되판 뒤 이익을 얻는 방식으로 투자를 해. 주식이나 채권보다는 비교적 안정적인 투자가 될 수 있어. 가치가 떨어지지만 않는다면 사라지는 게 아니니까.

2. 어린이도 투자할 수 있어요?

　앞서 말한 투자 방법 외에도 펀드나 금같은 원자재, 스타트업 및 벤처 투자 등이 있어. 사실 은행에 돈을 저금하는 예금, 적금도 투자로 볼 수 있어. 자, 여기서 궁금한 게 생길 거야. '초등학생도 투자할 수 있을까?' 미성년자인 어린이는 부모님의 동의 아래 주식에 투자할 수 있어. 이 시기에 중요한 건 투자를 해서 수익 얻는 것보다 가치에 대한 '안목'을 키우는 연습을 하는 거야. 한마디로 말해 기업의 미래 가치를 보는 눈을 키우는 거지.

　그래서 요즘은 어린이를 위한 모의 투자 대회도 있어. 그리고 부모님이 미성년인 자녀를 대신해 계좌를 개설해서 적은 금액으로 주식을 공부하고 투자해 볼 수 있게 도와주시기도 해. 그러니 부모님과 상의해서 주식 계좌를 하나 개설해 보자. 주식 계좌를 개설하는 건 은행에서 통장을 만드는 것만큼이나 쉽거든.

주식 더 알기

① 주식 계좌 개설 준비물

　만 14세 미만일 경우 부모님과 함께 가거나 부모님이 가서 자녀의 이름으로 만들 수 있어. 은행이나 증권사마다 조금씩 다르지만, 부모님의 신분증, 가족관계증명서, 자녀의 도장, 자녀 기준 기본증명서가 필요해.
　주식 계좌를 만들 때는 수수료를 꼼꼼하게 따져야 해. 주식 계좌를 만들고 거래하는 대가로 증권사에서 일정 금액을 떼어 가거든. 이 비율이 증권사마다 다르니까 수수료가 낮은 곳에서 거래하는 게 좋겠지?

② 주식의 기본 개념
　주식 투자의 개념을 한마디로 정리하면 기업의 수익을 주주(주식을 가지고 있는 사람 또는 산 사람)들과 나누는 거야. 우리나라 주식 시장을 코스닥(COSDAQ)이라고 하고 미국 주식 시장을 나스닥(NASDAQ)이라고 해. 주식 시장에서는 주식을 매수·매도하지. 시장에서 물건을 사고파는 것과 비슷하다고 생각하면 돼.

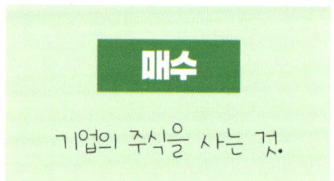

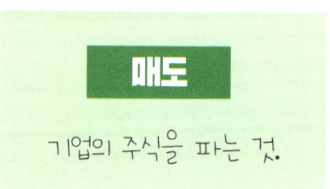

<증권 정보 예시>

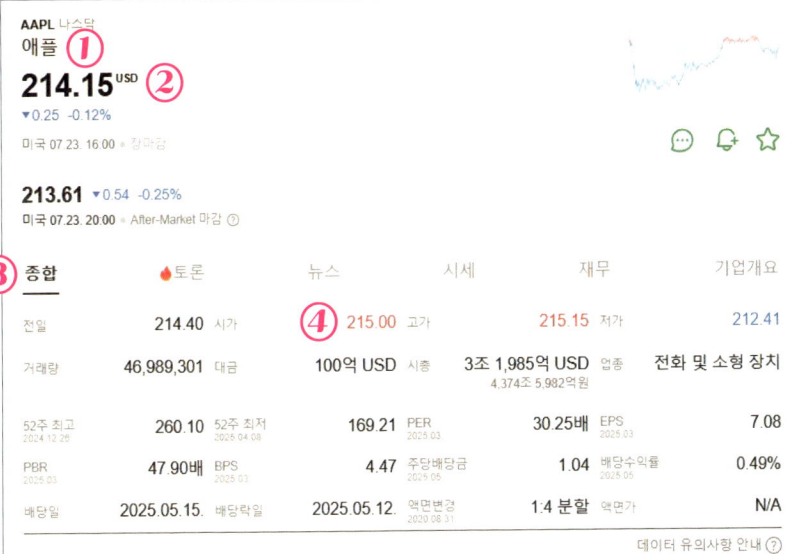

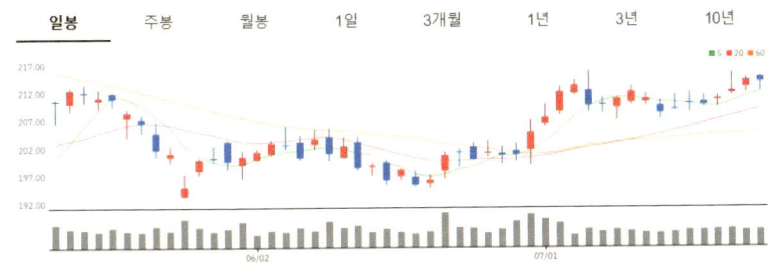

　증권 계좌를 만들었다면 내가 가입한 증권사 사이트나 인터넷 검색창에서 증권 정보를 검색할 수 있어. 아무 기업이나 한번 검색해 봐. 그럼 위와 같은 화면이 나올 거야.
　①은 기업 이름이야.
　②는 현재 거래 가격이야.
　③에는 하루에 주가가 올랐는지 내렸는지 알 수 있는 일별 차트(여러 자료를 알기 쉽게 정리한 표)와 일주일에서 일 년까지 주가 정보가 담긴 차트가 있어. 그밖에 기업 정보, 재무 정보 등이 있지. 여기서 이 기업이 가지고 있는 돈이 얼마인지, 자산 가치가 얼마인지, 빚이 많은지, 이익은 얼마인지 등을 알 수 있어.
　④가 가장 눈여겨봐야 할 부분인데 고가와 저가가 있어. 주가가 가장 낮을 때를 저가, 높을 때를 고가라고 해. 그러니까 주식 가격이 떨어지면 얼마까지 떨어질 것인지, 오르면 얼마까지 오를 수 있는지 예측할 수 있겠지?
　원래 가격이 1주에 1,000원 하는 주식이 있다고 치자. 저가일 때는 300원인데 고가는 2,000원까지도 올라. 그렇다면 1,000원일 때 10주, 즉 1만 원을 주고 사서 2만 원이 될 때까지 기다리는 것보다 가장 저렴한 300원일 때 10주,

즉 3,000원을 주고 사서 2만 원이 될 때까지 기다리는 게 훨씬 이득이겠지? 만약 1,000원일 때 1만 원을 내고 주식 10주를 샀는데 반대로 주가가 오르지 않고 내려갈 수도 있어. 그렇게 되면 1만 원의 가치가 3,000원이 되어 버리는 거야.

그러니까 주식은 주가가 저렴할 때 혹은 가장 낮을 때 사 두었다가 가장 높을 때 되팔아야 큰 이익을 얻을 수 있어. 그러니 아직 어린 우리 친구들이 주식을 산다면 오래되고 튼튼한 기업, 많은 사람이 찾는 기업, 앞으로도 오랫동안 사라지지 않을 큰 기업의 주식을 가장 저렴할 때 사는 게 좋아.

기업의 정보를 알고 싶다면 ⑤를 확인하면 돼. 그런데 여기 나와 있는 것만으로 기업에 대해 전부를 알 수는 없으니까 평소 경제 신문이나 검색 사이트의 검색으로 현재 기업의 상태를 파악해 두어야 한단다.

좋은 회사의 주식(우량주)을 샀다면 일단은 꾸준히 지켜보는 것이 좋아. 조금 떨어졌다고 불안해하면서 팔거나 조금 올랐다고 그 돈을 다 빨리 가지고 싶어한다면 주식을 오랫동안 할 수 없어. 열심히 공부해서 우량주를 사 두었다면, 회사의 주인이 되었다는 마음으로 최소 5년 이상은 꾸준히

지켜봐야 한단다.

③ 투자 노트 작성하기

처음에는 어려운 용어와 자꾸 변하는 가격 때문에 주식이 어렵게 느껴질 수도 있어. 그러니 꼭 부모님과 상의해서 감당할 수 있을 만큼의 돈으로 투자를 시작하자. 1만 원으로 살 수 있는 주식도 있고 1주를 사지 못해도 내가 가진 돈 만큼 주식을 살 수 있으니까. 적은 돈이라도 일단 시작해 보는 게 중요해. 그리고 내가 샀을 때 가격, 주식 시장이 마감*했을 때 가격을 날마다 적어서 일주일치를 비교해 봐. 내가 산 주식의 가치가 어떻게 변하는지 눈으로 확인할 수 있단다. 주식이 떨어졌을 때, 그 기업이나 사회에 어떤 일이 있었는지까지 메모해 둔다면 경제가 돌아가는 원리도 알 수 있어.

3. 은행과 증권회사가 하는 일이 뭐예요?

은행에 돈을 맡기거나 증권회사에서 주식을 사면 궁금해질 거야. 은행과 증권회사는 어떤 일을 하는지 말이야. 은행과 증권회사에서 고객의 돈을 가지고 무엇을 하는지 알아볼까?

*주식 시장 마감: 우리나라 주식 시장 오전 9시에 열어 오후 3시 30분에 마감하고, 미국은 우리나라 기준으로 오후 11시 30분에 시작, 오전 6시에 장을 마감해요.

은행이 하는 일

① <u>예금 또는 대출 서비스</u>

은행은 고객이 맡긴 예금이나 적금의 돈으로 다른 고객에게 대출을 해 줘. 집을 사거나 큰돈 들어갈 일이 있는 고객에게 그만한 돈이 없으면 은행이나 금융기관에 돈을 빌리는데 이를 대출이라고 해. 나중에 돈을 빌린 고객이 갚을 때는 빌린 돈(원금)과 약속한 이자를 갚아야 하지. 은행은 이런 방법으로 돈을 벌어. 이렇게 해서 번 돈으로 은행도 투자를 한단다.

② <u>금융 업무 서비스</u>

고객이 다른 은행으로 돈을 보내거나 다른 나라 돈으로 바꾸는 외환 업무 등 각종 금융거래를 도와. 우리나라 돈을 다른 나라 돈으로 바꾸는 것을 환전이라고 하는데, 이때도 수수료를 받아. 또한 주식이나 채권 같은 금융 상품을 팔거나 고객의 자산 관리를 돕기도 하지.

③ 금리 결정

각 나라마다 통화 제도의 중심이 되는 은행이 있어. 이를 중앙은행이라고 하는데, 은행 중의 은행이지. 은행도 돈을 빌려야 하거나 맡겨야 할 때가 있거든? 이런 일을 중앙은행을 통해서 해. 중앙은행은 나라의 정책에 따라 금리를 조정하는 역할을 하기도 하는데, 다른 기업의 은행들은 중앙은행의 금리 정책에 따라 이자율, 금리 등을 결정한단다.

증권회사가 하는 일

① 주식 거래 및 중개

증권회사는 고객에게 주식 상품을 팔고, 증권회사는 고객이 산 주식을 기업에 전달하는 역할을 해. 가운데서 기업과 고객이 주식을 사고팔 수 있게 중개 역할을 하는 거지.

② 자산 관리 및 투자 안내

어떤 주식을 사야 할지 모르는 개인이나 투자자, 기업에게 투자 전략을 제안하거나 상담해 줘. 고객에게 투자에 대해 안내하려면 국내 및 해외 경제나 각 기업의 재무 상태, 산업별 전망 등 다양한 분야에 대해 공부해야겠지? 시장에 대해 분석하고 보고서를 쓰는 것도 증권회사가 하는 일 가운데 하나야.

③ 주식이나 채권 발행

기업을 만든 사람이 자신이 사업에 투자한 돈 외에 더 큰 자금을 모으는 방법으로 주식회사를 만드는데, 이를 '상장'한다고 해. 증권회사는 주식회사가 되고 싶어하는 기업의 상장 준비를 돕는단다. 기업이나 정부가 채권을 발행할 때도 이를 돕고, 판매도 해 주지.

결국 은행과 증권회사는 고객에게 자신들의 '상품'을 팔고 대가로 받은 수수료나 예금 등의 돈으로 다시 투자를 해서 돈을 벌어. 한마디로 돈이 돈을 버는 거지. 무슨 뜻이냐고? 친구에게 1,000원을 빌려 줬다고 해 보자. 친구가

다시 그대로 1,000원을 갚는다면 돈은 그대로야. 그런데 1,000원을 빌려주고 친구가 고맙다고 100원을 더 주어서 1,100원이 됐어. 나는 돈을 빌려준 대가로 100원을 더 번 거야. 은행이나 증권회사는 더 큰 금액이 오가니까 버는 액수도 다르겠지? 여기서 부자가 되는 방법의 힌트를 얻을 수 있어. 내가 돈을 버는 게 아니라 돈이 돈을 벌게 해야 한다는 사실이야.

Economy Shorts

1. 투자는 돈을 불리는 방법이다. 모은 돈을 가만히 두는 게 아니라, 잘 자라게 하는 것이다.
2. 공부하지 않고 남 따라 하는 투자는 위험하다. 투자할 땐 대상을 잘 살피고 직접 판단해야 한다.
3. 주식은 회사의 주인이 되는 것이다. 회사가 잘되면 이익, 망하면 손해가 날 수도 있다는 걸 명심하자.
4. 채권은 돈을 빌려주고 이자를 받는 투자이다. 안정적이지만 수익은 적다.
5. 어린이도 부모님과 함께 소액 투자를 해 볼 수 있다. 다만 지금은 수익보다 안목을 키우는 시기이다.

용쌤의 경제 놀이터 ❷

1. 민수는 매달 3만 원의 용돈을 받아요. 이번 달에는 1만 5,000원을 쓰고, 나머지는 저금했어요. 민수가 이번 달에 저금한 돈은 얼마일까요?

    ① 1만 원   ② 1만 5,000원   ③ 2만 원   ④ 3만 원

2. 물건을 사거나 돈을 내는 것을 뭐라고 할까요?

    ① 수입   ② 지출   ③ 투자   ④ 용돈

3. 아래 중에서 수입이 아닌 것은 무엇일까요?

    ① 용돈을 받았다.   ② 물건을 팔고 돈을 벌었다.
    ③ 은행에 돈을 넣었다.   ④ 아르바이트를 해서 돈을 받았다.

4. 1,000원짜리 과자를 사고 500원을 거슬러 받았어요. 과자의 가격은 얼마일까요?

    ① 500원   ② 1,000원   ③ 1,500원   ④ 2,000원

돈을 버는 방법은 여러 가지가 있어요.
부를 이룬 사람들의 수입은 대부분 사업에서 나와요.
사업은 무엇인지, 어린이도 사업을 할 수 있는지
알아보아요.

3장
나도 부자가 될 수 있을까?

경제를 움직이는 사업

1. 사업이 뭐예요?

어른들이 돈을 버는 방법 가운데 사업이 있다고 했지? 사업은 부자가 되는 가장 빠른 지름길이야. 대부분의 사람들은 큰돈이 있어야 사업을 할 수 있다고 생각해. 또 아무나 하는 게 아니라고 생각하기도 하지. 어린이는 더더욱 사업을 할 수 없다고 생각할 거야. 하지만 아빠는 그렇게 생각하지 않아. 물론 어린이는 지금 당장 배워야 할 학교 공부와 시기에 맞는 경험을 해야 하기에 사업을 하라고 하지

않을 뿐이지.

또 지금처럼 온라인이 발달하지 않았던 예전에는 사업의 종류나 공간도 매우 한정적이었어. 하지만 지금은 온라인이 발달해 원한다면 누구든 당장 사업을 시작할 수 있단다. 우선 사업이 뭔지 간단히 소개해 볼게.

사업(事業): 영리를 목적으로 행하는 경제적인 일.

사전에 보면 이렇게 설명이 나와 있어. 영리(營利)란 이윤을 추구하는 거야. 한마디로 돈을 벌기 위해 하는 모든 일을 사업이라고 보면 돼. 사업은 어른들만 할 수 있는 거 아니냐고? 그렇지 않아.

시카고 도심 빈민가에서 자란 파라 그레이는 정부의 생활 보조금을 받으며 어렵게 살았어. 여섯 살에 바디로션을 팔았고 열세 살에 파라아웃 푸드를 설립했지. 열네 살에

백만장자, 스물한 살에 억만장자가 됐어. 물론 파라 그레이도 억만장자가 되기 전까지 실패와 좌절을 맛보았지. 하지만 그에게는 한 가지 무기가 있었어. 그의 어머니는 파라 그레이에게 '너는 무엇이든 될 수 있고, 할 수 있다.'는 가능성의 씨앗을 심어 주셨지. 그러니 아빠도 너희에게 말해 주고 싶어. 너는 언제든 무엇이든 하고 싶은 것을 다 하고 이룰 수 있다고 말이야.

자, 지금 당장 사업을 하기로 했다고 치자. 그럼 어떤 사업을 할 거야? 아니, 어떤 생각을 먼저 하게 될 것 같아? 내가 잘할 수 있는 것, 잘 아는 것을 주제로 사업을 하려고 하겠지? 하지만 가장 먼저 해야 할 생각이 있어. '사람들이 어떤 것에 불편함을 느낄까?'를 생각하는 거야.

불편함을 느낀다 → 누군가 대신해 주기를 원한다 → 대신해 주는 대가로 돈을 낸다

　사람이 밥을 먹기 위해 쌀이 꼭 필요하지? 쌀을 얻기 위해서는 농사를 지어야 해. 그런데 학교도 다니고 회사도 다녀야 하는데 모두가 농사를 지을 수는 없잖아? 그래서 '농부'라는 직업을 가진 사람이 논에 모를 심고, 벼를 키우고 쌀을 얻는 수고를 대신해 주지. 그 덕에 우리는 노동에 대한 대가로 돈을 주고 쌀을 사 먹는 거야. 이렇게 대부분의 사람은 누군가의 불편과 수고를 대신해 주고 돈을 받아. 돈을 버는 가장 기본적인 방법이지. 이 부분을 사업에 적용해 볼까?

2. 사업을 하기 전에 가장 먼저 해야 할 일이 뭐예요?

　집에서 초등학생도 간단히 할 수 있는 사업이 있어. 아예 용돈을 받고 있지 않거나, 부모님께 용돈을 더 받고 싶다면 부모님의 불편함을 덜어드리는 거야. 빨래가 많다면 수건 개기 서비스를 해 드리고 용돈을 더 달라고 협상하는 거지. 단, 이때 꼭 기억해야 할 게 있어. 집안일은 원래 모두 같이 하는 거야. 내 물건은 스스로 정리하고, 부모님이 바쁘거나 힘드실 때는 대가 없이 함께하는 게 가족이지. 그래서 이럴

땐 '설득'이 필요해. 설득이란 어떤 결과나 가치에 대해서 상대방이 믿게끔 변화를 주는 거야. 설득은 굉장히 중요한 기술이야. 왜냐고? 수익과 직접 연결되어 있거든.

  자, 만약 부모님께 아무런 상의나 협상 없이 "엄마, 나 이제부터 신발장 정리할 테니까, 용돈 1,000원씩 주세요!"라고 해 보자. 뭐라고 하실까? "그래, 좋아. 대신 엄마가 네 빨래를 해 줄 때마다 너도 1,000원씩 내렴."이라고 하실 수 있겠지? 이때 "그럼 제가 빨래를 개고 신발장도 정리할 테니 용돈을 올려 주세요."라고 한 번 더 제안한다면 이건 협상이야. 하지만 "엄마, 집안일은 가족 모두가 하는 일이 맞아요. 우리 가족을 위해 애써 주시는 거 정말 감사하게 생각해요. 그런데 제 용돈이 부족한 것 같아요. 최근에 꿈이 생겼는데, 그 꿈을 이루기 위해서 용돈을 조금 더 받고 싶어요. 학교 숙제와 공부를 마치고 남는 시간에 집안일을 최대한 도와드릴 테니 용돈 좀 올려 주시면 안 될까요?"라고 말하는 건 설득이란다.

  여기서 집안일을 도와드리는 대가로 좀 더 구체화된 수익을 발생시키고 싶거나 부모님의 어떤 일을 대신해

드리고(서비스) 용돈을 받고 싶다면, 부모님이 나에게 무엇을 원하는지 곰곰이 생각해 봐. 그리고 어떻게 해야 부모님이 이 서비스를 받고 싶어할지 생각하는 거지. 가령 어깨 안마 3분이라던지, 뭉뚱그려 집안일을 도와드린다는 말 대신 구체적으로 화장실 청소 서비스를 제안하는 거야. 만약 부모님이 내 서비스를 구매하고 싶은 마음이 생겼다면 설득을 잘한 거란다.

 사업도 마찬가지야. 고객에게 "내가 당신 대신 세차를 해 줄 테니 우리 가게에서 세차하세요."라고 말해 봤자 단번에 "네, 좋아요!"라고 말할 사람은 없어. 왜 우리 가게에서 세차를 해야 하는지 자연스럽게 설득해야지.
 사업에서는 이런 걸 '마케팅'이라고 해. 여기서 중요한 건 고객을 설득해야 한다는 점이야. 글이나 사진 같은 광고부터 가격, 서비스까지 어떤 점을 강조할지 고민해서 고객이 내 서비스를 이용하거나 물건을 사도록 설득해야 해. 그러기 위해서는 역시나 고객이 무엇을 원하는지 시장 조사를 해야겠지?

3. 학교에서 할 수 있는 사업도 있어요?

 학교 친구를 상대로 사업하기로 했다고 가정해 볼게. 친구들을 상대로 시장조사를 해 보자. 친구들은 학교생활을 하면서 어떤 불편함을 느끼고 있을까?

> 매점이 없다 → 간식 판매 사업

 친구들이 좋아하는 간단한 간식 꾸러미를 만들어서 판매할 수 있어.

> 꾸미기를 잘 못한다 → 리폼 사업

 노트나 필통, 가방, 포토카드 등을 예쁘게 꾸미지 못하는 친구를 대신해 꾸미기 사업을 할 수 있지.

> 글을 잘 못 쓴다 → 대필 사업

 글을 잘 쓰는 친구라면 글을 못 쓰는 친구를 대신해 편지나 응원 카드 등을 만들어 주는 사업을 할 수 있어.

> 공부를 도와줄 친구가 필요하다 → 과외 사업

 공부를 잘한다면 도움이 필요한 친구에게 공부를 가르쳐 줄 수 있지.

> 필요한 물건을 잠깐만 쓰고 싶다 → 대여 사업

 책이나 장난감 등 친구에게는 없지만 나에게 있는 물건이

있다면 며칠 동안 빌려주는 대여 사업을 할 수 있어.

4. 어린이가 할 수 있는 사업은 뭐가 있어요?

 그래, 막상 친구들에게 사업을 하기가 뭔가 꺼려지기도 할 거야. 친구들 사이에서 불만이 생길 수도 있지. 친구끼리 그냥 도와줄 수도 있는데 돈을 받고 하게 되면 거리감이 느껴지기도 하고, 결국 고객이 아닌 친구를 잃게 될 수도 있지. 그래서 이런 사업이 하나의 문화로 정착되지 않으면 현실적으로 학교에서 친구한테 사업하기란 쉽지 않을 거야. 그리고 사실 용돈이 적은 또래 친구들을 대상으로 돈을 버는 데 한계가 있어. 사업을 하려면 나이를 떠나서 일반인을 대상으로 하는 게 훨씬 유리해. 그런데 나이가 마음에 걸린다고? 초등학생도 할 수 있는 사업도 찾아보면 있어.

 ① 내가 잘할 수 있는 일 찾기
 아까 사업을 하기 위해선 무얼 알아야 한다고 했지? 맞아. 바로 고객이 불편해하는 것, 고객이 필요로 하는 게 무엇인지 아는 게 첫 번째야. 그중에서도 내가 가장 잘할 수 있는 일이 무엇인지 찾아야겠지.

공책이나 스케치북 가운데에 내가 좋아하는 것 하나를 써 봐. 중심 이미지를 글이나 그림으로 표현하고, 거기서 주 가지를 뻗은 다음 부 가지와 세부 가지를 차례로 확장해 나가 봐. 이걸 마인드맵이라고해.

〈마인드맵 만들기〉

마인드맵을 그리면 내가 무얼할 수 있는지 이미지를 시각적으로 볼 수 있어. 더 구체적인 아이디어도 떠올릴 수 있게 되지.

- 중심 이미지: 사람들이 불편해하는 것을 쓴다.
- 주 가지: 내가 잘할 수 있는 것 중에 남들이 나에게 돈을 줄 만큼 잘할 수 있는 게 무엇인지 쓴다. 또는 내가 잘하지 못하더라도 다른 사람이 돈을 쓸 만큼 필요한 것이 무엇인지 쓴다.
- 부 가지: 각 가지에서 어떤 일이 필요한지 알아보고 쓴다.
- 세부 가지: 지금 당장 시작해야 할 일을 쓴다.

② 어린이가 할 수 있는 사업들

가. 사업 아이템 찾기

어린이가 할 수 있는 사업들을 소개해 줄 테니까 앞서 소개한 마인드맵을 참고해서 어떤 사업을 할 수 있는지 찾아봐.

이모티콘 판매

우리나라 사람이라면 대부분 우리나라 기업에서 개발한 메신저 '카카XX'을 사용할 거야. 특히 10~30대가 가장 많이 사용하는데,

하루에 한 번 이상은 이모티콘을 사용한단다. 2022년 기준으로 한 달에 이모티콘을 사용하는 사람은 3,000만 명이라고 해. 우리나라 인구 절반 이상이 이모티콘을 사용하는 거야. 이모티콘의 가장 낮은 가격인 2,500원을 기준으로 100명만 내가 만든 이모티콘을 구매하면 25만 원, 통신사 수수료와 메신저 회사 수수료를 제하면 30퍼센트 수익이 생겨. 25만 원의 30퍼센트면 7만 5,000원이란다. 얼마 안 되는 거 같다고? 만약 내 이모티콘을 1,000명이 산다면? 무려 750만 원의 수익이 생기는 거야. 한 번 만들어 둔 이모티콘이 내가 자는 동안에도 돈을 벌어다 주는 거지.

강아지 산책 서비스

동물을 좋아한다면 강아지 산책 서비스도 괜찮아. 한두 시간 정도 강아지와 놀아 주는 일을 대신해 주는 거지. 주로 바쁜 직장인이나 급하게 강아지를 맡길 곳이 필요한 사람이 이 서비스를 이용할 거야. 중고거래 애플리케이션이나

아파트 입주민 카페 같은 곳에서 강아지 산책 서비스 공지를 올릴 수 있어.

대여 서비스

사람들이 선뜻 사기 어렵지만 우리 집에 있는 물건을 빌려주는 사업을 할 수도 있어. 가령 전동 드릴 같은 건 자주 쓰지 않지만 꼭 필요할 때가 있는데, 그런 물건들을 빌려주는 거지.

고민 상담 서비스

다른 사람 이야기 듣는 것을 좋아하고 잘한다면 이 또한 사업으로 발전시킬 수 있어. 직접 만나서 이야기를 들어주는 것이 위험하거나 부담스러울 수도 있으니 또래 친구들만 모이는 커뮤니티를 만들어 시작해 볼 수 있어.

직접 만든 물건 팔기

만들기를 좋아하는 친구들은 자신이 직접 만든 물건을 팔 수 있어. 악세서리, 3D 펜으로 만든 장난감, 키링 등을 만들어 파는 거야. 물론 누군가가 그 물건을 사고 싶어할 만큼 예뻐야겠지? 아니면 개성 있는 작품을 만들어서 팔 수도 있지. 완벽하게 잘 만드는 것보다 흔하지 않고 독특한 감성이 담겨 있다면 훨씬 경쟁력 있어.

정보 전달 크리에이터

요리나 다이어리 꾸미기, 학용품 리뷰, 장난감 가지고 놀기 등 자신이 좋아하는 취미를 틱톡, 인스타그램, 유튜브, 블로그 등의 SNS에 올려 봐. 사진, 영상, 글로 좋아하는 물건이나 취미를 소개하거나, 챗GPT 등에 정보 검색을 해서 여러 사람과 공유하는 거야.

　나만의 콘텐츠를 차곡차곡 쌓다 보면 내 콘텐츠를 꾸준히 봐 주는 사람이 생겨. 이런 SNS 채널이 수익으로 이어지려면 사실 만18세 이상이 되어야 해. 어린이 때 시작할 수 있는 것은 콘텐츠 크리에이터로서 익여햐 할 감각과 편집 기술, 콘텐츠를 받아들이는 사람들의 반응을 살피는 것이야. 꾸준히 자신만의 개성을 드러내고 인기 콘텐츠를 만들어 내다 보면 콘텐츠 수익 외에 부가적인 수익이 발생하기도 해.

　나. 사업 실행하기
　'나도 사업 한번 해 볼까?', '나에게 좋은 아이디어가 있어.' 사실 이런 생각은 누구나 할 수 있어. 그런데 그거 아니? 세상은 성공한 사람과 실패한 사람으로 나뉘는 게 아니라, 실행한 사람과 실행하지 않은 사람으로 나뉜다는 사실말이야. 성공할 때까지 실행한다면 그건 실패한 게 아니라 성공하는 중인 거겠지? 하지만 대부분은 생각만 하고 행동으로 옮기지 않아. 행동으로 옮긴다고 해도 사흘을 넘기지 않지. 그래서 작심삼일이란 말도 나온 거란다.
　　내가 생각한 사업 아이템이 흔해 보이거나 누군가 이미 하고 있는 아이템이라고 해도, 뭐 어때? 너희는 아직

어린이잖아. 성공은 준비가 다 됐을 때 시작해서 이루는 게 아니라 일단 실행에 옮긴 다음 여러 경험을 하면서 완성해 가는 거야. 물론 아무것도 모르는 상태에서 시작하는 것은 안 돼. 사업 아이템을 정했다면 그 사업에 대해 공부를 해야겠지?

  일단 사업 계획서부터 작성해 보자. 사업 계획서란 사업에 대한 소개서 같은 거야. 방학 때 생활 계획표 써 본 적 있지? 생활 계획표를 쓰면 시간을 허투루 쓰지 않고, 방학 동안 이루고 싶은 목표를 이룰 수 있잖아. 사업 계획서도 마찬가지야. 내가 정한 사업에 대해 정확히 이해하고 어떤 목표를 가지고 해 나가야 할지 적어 두는 거지. 또 이 사업 계획서를 바탕으로 다른 사람에게 투자 받을 수도 있어. 대신 내 사업이 성공하면 투자금을 나눠야 해.

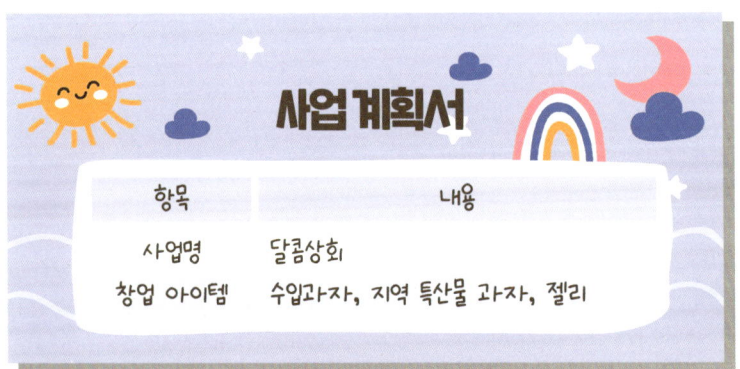

창업 목적	소비자에게 특별하고 다양한 과자 경험을 제공
목표 고객	어린이, 학생
판매 장소	어린이가 많은 곳 (학교 근처, 주택가, SNS 인기 장소 주변)
판매 방식	오프라인 매장 + 인스타그램 / 스마트스토어 함께 판매
제품 구성	수입과자 및 젤리, 수제쿠키 및 디저트
가격 전략	저가(500~1,000원대) + 프리미엄 수제 상품 병행 / 세트 구성으로 매출 높이기
판매 전략	과자 뽑기 이벤트, 학교 앞 시식 행사 감성 포장 서비스
경쟁 분석	편의점: 접근성은 높지만 개성 부족 대형마트: 가격은 저렴하나 재미 요소 적음 달콤상회: 차별화된 구성, 감성, 체험 요소
예상 창업 비용	임대료: 교회 앞마당 (무료) 인테리어: 오이 마켓에서 판매대 3만원에 구입 초도 물량: 50만 원 기타 (홍보, 포스 등): 10만 원 내외 총 예상 비용: 약 63만 원
수익 모델	단품 판매 수익, 세트 / 이벤트 구성 온라인 주문 / 정기 배송
향후 계획	감성 굿즈 출시, 계절별 한정 기획

다. 넓게 생각하기

실제로 사업을 시작하다 보면 여러 가지 시행착오*를 거치게 될 거야. 아빠도 사업을 본격적으로 하기 전에 독서 모임을 운영한 적이 있었어. 물론 책을 좋아해서 시작한 일이었지만 수익으로 이어지지는 않았지. 그런데 독서 모임이란 취미 활동을 사업으로 만든 사람이 있어. 독서 모임을 운영할 때 내 모임을 홍보하고 마음 맞는 사람을 모집하는 일이 가장 귀찮거든? 그런 귀찮음을 대신해 주는 온라인 마당을 만든 거지. 좋아하는 독서 모임을 하면서 사람들의 불편함을 대신해 주니 수익으로 이어지는 거야.

부동산 경매를 할 때도 마찬가지였어. 부동산 경매 과정을 블로그에 기록할 때였단다. 사람들은 경매에 대해 궁금한 게 많았어. 부동산 경매라고 하면 다들 어렵게 생각했거든. 그래서 사람들이 어려워하는 부분, 필요한 서류 등을 블로그에 올려 다운로드 받을 수 있게 했어. 무료로 말이야. 그랬더니 사람들이 점점 블로그에 많이 모이기 시작했지. 덕분에 지금은 부동산 경매는 물론 경매 강의로 부가적인

*시행착오: 행동과 실수를 되풀이하다가 우연히 성공한 동작을 계속해 목표에 가까워지는 것.

수익을 얻기도 해. 사람들의 불편함을 대신 해결해 주니 수익으로 이어진 거야.

  이렇게 사업에서 처음부터 눈에 띄는 수익을 얻기는 힘들어도, 실제로 사업을 하는 과정에서 이런저런 경험을 겪게 되고 사람들의 불편함을 해결해 주는 방향으로 생각을 넓히다 보면 사업이 점차 탄탄해져. 단, 꾸준히 해야 하지. 그래야 수익을 올릴 수 있는 구조로 사업을 확장할 수 있어.

5. 그래도 사업은 힘들지 않을까요?

  무언가를 도전할 때 겁이 날 수 있어. 사업뿐만 아니라 모든 일이 그렇단다. 지금 당장 사업을 해야 된다는 말은 아니야. 하지만 머릿속으로 떠오른 아이디어가 있다면 나이에 상관없이 도전할 수 있다는 얘기를 해 주고 싶어. '실패할까 봐', '지금은 아니라는 생각이 들어서' 또는 '다른 사람들이 너무 잘해 보여서' 등과 같은 이유로 주저한다면 말이야.

  어떤 일을 해 보지 않고 걱정만 하는 건 옳지 않아. 새장 속에 살던 새가 자신은 날 수 없다고 생각하는 것과 같은 꼴이지. 자기는 날 수 있는데, 문이 잠겨 있지 않은데도 불구하고 날지 못한다고 생각하는 거야. 공부든 사업이든

두렵고 어렵다고 느껴질 때는 이렇게 해 보자.

  첫째, 이룰 수 있을 만한 계획부터 세우자.
  어떤 목표를 세우고 난 다음 계획을 세울 때는 세부 계획을 세워야 한다고 했지? 덧셈을 배워야 곱셈을 배울 수 있듯이 내가 할 수 있는 수준에서 가장 작은 계획부터 차근차근 세워 봐. 목표도 '처음부터 1등을 하겠다.', '500만 원을 벌겠다.'라고 목표를 세우는 것보다 '점수를 10점 올리겠다.', '50만 원을 벌겠다.' 등 이룰 수 있을 만한 계획부터 세우는 거야.

  둘째, 예행 연습을 해.
  내가 세운 사업 계획서를 바탕으로 가족이나 친구를 대상으로 연습을 해 보는 거야. 그 과정에서 주변 사람에게 조언을 구할 수 있고, 계획을 수정할 수도 있어.

  셋째, 멘토를 만들면 좋아.
  멘토란 경험과 지식을 바탕으로 다른 사람을 지도하고 조언해 주는 사람이야. 부모님께서 내 사업을 적극 지지해

주시고 사업에 대한 이해나 경험이 있다면 부모님이 멘토가 되어 주시는 것도 좋겠지? 하지만 사업으로 성공한 사람에게 직접 조언을 구하는 게 가장 확실한 방법이야. 부모님 지인이나 누구나 알 만한 유명인도 좋아. 그들에게 진심이 담긴 편지를 보내 봐. 어린이가 사업에 대해 관심과 열정을 갖고 조언을 구한다고 하면 다들 기특해할 걸? 물론 너무 바빠서 답장이 오지 않을 수도 있어. 그럴 땐 그분들이 낸 책을 읽으면 도움이 된단다.

넷째, 재정 계획 세우기

사업이 실패할까 봐 두려운 이유 가운데 하나는 바로 돈일 거야. 돈을 벌지 못하는 것도 걱정이지만 내가 가진 돈을

잃는 것도 큰 두려움 중 하나겠지. 앞서 말했지만 사업은 큰 수익을 얻을 수 있지만 반대로 큰 위험도 따라. 그러니 내가 손해를 봐도 크게 흔들리지 않을 선에서 투자를 해야 해. 만약 투자자들에게 돈을 빌렸다면 그들에게 어떻게 보상해 줄 수 있는지도 계획을 세워야 하고. 무엇보다 너희에게는 돈보다 더 중요한 '공부'가 있으니, 공부나 일상생활에 지장을 주지 않을 정도의 '투자'를 해야 해. 돈이든 시간이든 말이야.

다섯째, 긍정적인 마음 갖기

학교생활, 친구 관계 등 어릴 때는 사업 말고 그때 반드시 잘 해내야 할 일들이 있어. 이 일들을 잘 해내는 사람이 사업도 잘할 수 있지. 왜 그럴까? 늘 좋은 생각을 하고 긍정적인 마음을 갖는 사람은 티가 나는 법이야. 말에서도 행동에서도. 그런 사람에게는 친구가 따를 수밖에 없지. 걱정이 많고 부정적인 사람은 다른 사람에게도 부정적인 마음을 옮기게 돼. 그래서 주변에 친구가 하나둘 멀어지지. 문제가 생겨도 다시 해낼 수 있다는 믿음을 가지고 해결하려고 노력하고 긍정적으로 행동한다면 많은 친구가 따를 수밖에 없단다. 사업도 마찬가지야. '실패하면

어떡하지?'라는 생각을 갖고 임한다면 생각대로 실패할 수밖에 없어. 내가 내 사업에 자신이 없는데 누가 내 사업을 좋아하고 도와줄 수 있겠어? 그러니 어떤 일이든 긍정적인 마음을 가지고 노력해야 해. 알겠지?

Economy Shorts

1. 사업은 돈을 벌기 위해 사람들의 불편함을 대신 해결해 주는 일이다.
2. 어른들만 사업을 할 수 있는 것이 아니라, 어린이도 생각과 실행력이 있다면 사업을 할 수 있다.
3. 사업을 시작하기 전에 '사람들이 어떤 점에서 불편함을 느낄까?'를 먼저 생각해야 한다.
4. 고객을 설득하고 협상하는 기술이 사업 성공에 큰 영향을 준다.
5. 사업 아이디어는 집이나 학교, 내가 잘하는 일을 중심으로 찾는다.
6. 마인드맵을 활용하면 내 재능과 관심사를 시각적으로 정리할 수 있다.
7. 사업을 시작할 때는 생활 계획표처럼 사업 계획서를 먼저 작성한다.
8. 처음부터 완벽하지 않아도 실행하는 사람이 결국 성공에 가까워진다.
9. 사업은 실패할 수도 있지만 도전하고 경험하면서 배워 나간다.
10. 긍정적인 마음을 갖고 작게 시작하면 어떤 일이든 해낼 수 있다.

세금은 어린이와 전혀 상관없을 것 같지만,
사실 모든 물건을 거래할 때는 세금을 내요.
심지어 과자 한 봉지를 살 때조차 세금을 내고 있어요.
세금은 왜 필요한지, 어떤 종류의 세금이있는지
알아보아요.

4장
세금은 왜 낼까?

어린이가 알아야 할 세금

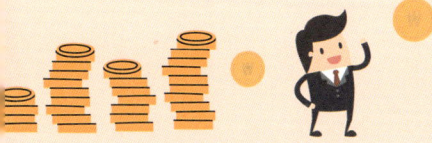

1. 세금이 뭐예요?

　세계의 모든 나라는 국가를 운영하기 위해 세금을 거두고 있어. 오늘날과 같은 세금의 형태는 19세기 말 유럽에서 시작되었지만, 아주 오랜 옛날로 거슬러 올라가면 농경 사회가 시작되면서 세금이란 개념이 생기기 시작했단다. 사람들이 모여 살며 농작물을 보관하기 시작했는데, 식량이 부족한 다른 부족이 침략하는 일이 생기면서 전쟁에 대비하기 위해 다같이 재산을 조금씩 따로 모아 두기 시작한 거지.

이를 세금의 시초라고 추측하고 있단다.

　우리나라도 국가 운영에 필요한 자금을 얻기 위해 국민들로부터 세금을 걷고 있어. 세금은 크게 **국세**와 **지방세**로 나뉘어. 국세는 우리나라에 거주하는 모든 국민에게 부과하는 세금으로 중앙정부에서 관리해. 지방세는 각 지방에서 주민에게 부과하는 세금으로 지방자치단체가 관리하지. 국세에 대해 먼저 알아볼까? 국세는 다시 직접세와 간접세로 나뉘어.

2. 국세

① 직접 부과하는 직접세

　직접세에는 소득세, 법인세, 상속세, 증여세 등이 있어. 소득세는 개인이나 기업이 번 소득에 부과하는 세금이야. 직장인의 경우 기업에서 개인에게 월급을 줄 때 아예 국가에 낼 세금을 빼고 지급해. 소득세에는 근로소득세, 종합소득세, 양도소득세 등이 있지.

　법인세는 기업이 벌어들인 이익에 대해 내는 세금이고, 상속세는 사망한 사람(주로 부모)의 재산을 상속받을 때 부과하는 세금이야. 증여세는 타인의 재산을 무상으로 받을

때 내는 세금이란다.

  쉽게 말하자면 회사에서 일해서 돈을 받을 때, 장사를 해서 돈을 벌 때, 할아버지가 돌아가시면서 재산을 나에게 물려주셨을 때, 부모님이 나에게 큰돈이나 부동산을 그냥 주었을 때에도 나라에 세금을 내는 거지.

  그런데 왜 내가 열심히 일해서 번 돈, 부모님이 열심히 모은 돈을 받는데 나라에서 그 돈의 일부를 세금이란 명목으로 가져가냐고? 단순히 세금을 내는 것에서 그치는 것이 아니라 돈의 금액이 크면 클수록, 세금도 커진다면……. 세금을 많이 내는 사람들의 기분은 어떨까?

  여기에서 정치가 크게 작용해. 나라를 운영하려면 큰돈이 필요한데, 돈이 없는 사람보다 돈이 많은 사람에게 더 많은 돈을 얻기가 유리하겠지? 그런데 돈을 많이 버는 사람에게 세금을 많이 내라고 하면, 돈을 많이 번 사람들은 억울할 수도 있잖아? 그래서 국회의원들은 세금을 많이 낸 사람이 억울하지 않도록 여러 가지 공약을 내건단다.

  한편 돈을 많이 벌었으니 세금을 많이 내는 건 당연하다고

생각하는 사람도 있어. 그들이 낸 세금으로 어려운 사람을 도와야 나라가 균형 있게 발전할 수 있다는 거지. '노블레스 오블리주'라는 말 들어 봤어? 귀족은 의무를 가져야 한다는 뜻으로 부와 권력, 명성을 얻은 사람한테는 사회적 책임이 따른다는 말이야. 부자는 절대 혼자 될 수 없어. 누군가의 도움이 있었기에 부자가 되었을 테니까 말이지. 국가의 도움이든, 소비자의 도움이든, 자기를 위해서 일해 준 직원이든 말이야.

아무튼 어른들은 자신의 세금을 줄여 줄 정치인이 누구일지, 아니면 세금을 걷어서 효과적으로 올바른 정책을 펼칠 정치인이 누구일지 공약을 잘 살펴서 투표하게 돼. 결국 세금과 국가정책은 떼려야 뗄 수 없는 관계란다.

② 간접적으로 내는 간접세
너희도 이미 세금을 내고 있다는 거 알아? 편의점에서 과자 하나를 사더라도 세금을 내야 해. 과자 가격이 1,500원이라면 과자의 본래 가격은 1,350원이고 세금은 150원이야. 이를 부가세라고 하지. 그밖에 해외에서 물건을 들여올 때 내는

관세, 공식적인 문건을 보낼 때 내는 인지세, 아주 비싼 물건을 살 때 내는 개별소비세 등 무언가를 사거나 거래할 때 내는 세금을 간접세라고 한단다.

3. 지방세

지방세는 각 도·시·군 등 지방자치단체에서 걷는 세금을 말해. 국세가 모든 국민에게 공통적으로 적용되는 반면, 지방세는 해당 지방에만 적용되는 세금이야. 지방의 정책에 따라 달라질 수 있지만 기본적으로 다음 항목은 내야해.

부동산이나 차를 얻게 되었을 때 내는 취득세, 자격증이나 사업에 필요한 면허를 얻게 됐을 때 내는 등록면허세, 부동산을 얻고 나서 매년 내야 하는 재산세, 자동차세, 주민세 등이 있지.

어때, 어른들은 세금을 정말 많이 내지? 이렇게 거두어들이는 세금이 한 해 약 350조 원 정도 돼. 국가는 국민의 세금으로 나라를 운영하고 있는 거야. 도로를 포장하고, 학교와 도서관을 짓고, 복지에 필요한 돈을

지원하는 등 사회 안정과 경제 발전을 위해 세금은 꼭 필요하단다. 그러니 세금을 운영하는 국회의원과 대통령을 현명하게 잘 뽑아야겠지? 투표는 18세부터 할 수 있지만, 투표 시기에 오는 국회의원들의 선거 공약 홍보 책자를 잘 살펴봐. 국회의원의 공약이 우리 동네에서 내는 세금으로 실현할 수 있는 공약인지, 꼭 필요한 공약인지 따져 보는 거야. 그런 눈을 미리 키워 두면 투표할 나이가 되었을 때 현명하게 투표할 수 있을 테니까.

4. 관세

관세는 나라에서 수입 또는 수출하는 물건에 매기는

세금이야. 우리나라에서 다른 나라에 물건을 팔거나 보내게 될 경우 해당 나라를 통과하려면 관세를 내야 해. 마찬가지로 우리나라에 들여오는 물건에도 관세를 매겨야 하지. 관세는 나라와 나라가 논의해서 매기는데, 결국 물건 값에 관세가 포함되기 때문에 소비자가 관세를 부담하게 되는 셈이야.

 그럼 어떨 때 관세가 높아지고, 낮아질까? 미국에서 만든 연필을 수입해 온다고 가정해 보자. 우리나라 연필 가격이 평균 1,000원 꼴인데 미국에서 만든 연필이 800원이라고 하면 사람들은 우리나라 연필보다 미국 연필을 더 사려고 하겠지? 그럼 우리나라에서 연필을 만드는 기업은 운영이 어려워지고 경쟁력도 떨어지게 돼. 그러니 우리나라는 우리 기업의 경쟁력을 높이기 위해 미국에서 연필을 들여올 때 관세를 높게 책정하지. 800원이었던 미국 연필에 높은 관세를 적용해 우리나라 1,000원짜리 연필보다 더 비싸게 만드는 거야. 관세는 각 나라의 정책과 나라와 나라 사이의 우호(개인이나 나라끼리 사이가 좋음) 관계에 따라 시시각각 변한단다.

Economy Shorts

1. 세금은 나라를 운영하기 위해 꼭 필요한 자금이다.
2. 세금은 크게 국세와 지방세로 나뉜다.
3. 국세는 다시 직접세와 간접세로 나뉜다.
4. 간접세는 물건을 사거나 사용할 때 붙는 부가세, 관세, 인지세 등이 있다.
5. 지방세에는 취득세, 등록면허세, 재산세, 자동차세, 주민세 등이 있다.
6. 국회의원은 국민의 세금을 어떻게 사용할지 공약을 통해 약속한다.
7. 투표는 어른이 하지만, 공약을 보고 판단하는 눈은 어릴 때부터 키워 두면 좋다.

부자에게는 공통된 특징이 있어요.
마크 저커버그, 빌 게이츠, 프레이저 도허티…….
어릴 때부터 큰 부를 이룬 사람들에게는
어떤 공통점이 있는지 알아보아요.

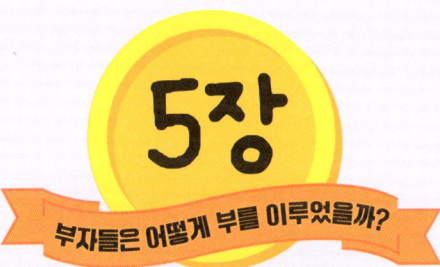

5장
부자들은 어떻게 부를 이루었을까?

꿈을 현실로 만든 사람들

페이스북(Face book) 창업자 마크 저커버그, 마이크로소프트(Microsoft) 창업자 빌 게이츠의 공통점은 뭘까? 바로 10대인 열아홉 살에 창업을 했다는 점이야.

마크 저크버그의 경우 하버드 대학교에 다니던 시절 친구들과 페이스북을 개발해 세계 최대의 SNS 기업으로 성장시켰고, 스물세

살에 억만장자가 되었어. 빌 게이츠는 서른한 살에 최연소 세계 억만장자가 되었지. 아마 그가 개발한 소프트웨어인 마이크로소프트(Microsoft)를 한 번도 써 보지 않은 사람은 거의 없을 걸? 우리가 잘 아는 세계적인 백만장자들의 사업 시작 나이가 놀랍지? 어린 나이에 사업을 시작해 부자가 된 사람은 또 누가 있을까?

프레이저 도허티는 할머니가 만들어 준 잼이 너무 맛있어서 할머니의 잼 레시피로 열네 살에 수퍼잼(Superjam)을 창업했어. 열여섯 살에 본격적으로 회사를 설립했고, 맛은 물론 건강에도 좋은 수퍼잼으로 19세에 백만장자가 되었단다.

델(Dell) 컴퓨터를 설립하고 세계 부자 랭킹 12위에 올랐던 마이클 델은 일곱 살 때부터 컴퓨터에 관심이 많았다고 해. 부유한 가정에서 자라긴 했지. 하지만 그가 부자가 되었던

계기는 따로 있었어. 델이 열두 살 때인 1980년대에는 우표를 수집하는 사람이 많았는데, 우표를 사고파는 중개인이 되어 큰돈을 벌었지. 열여덟 살에는 신문사에서 정기 구독자를 모집하면 성과금을 준다는 광고를 보고, 지역에 새로 이사 온 사람들을 공략해 엄청난 성과금을 벌었어. 이 성과금으로 델 컴퓨터를 창업해 170조를 벌어들이게 되었지.

사업뿐만 아니라 어린 시절 키가 작았던 리오넬 메시도 열일곱 살에 프로 구단에 데뷔했고, ADHD(주의력결핍 과다행동장애)였던 마이클 펠프스 역시 열다섯 살에 올림픽에 데뷔해 현재 역대 최다 금메달을 보유한 선수가 되었어. 메시, 펠프스 모두 부자가 되었지. 이들이 어린 나이에 성공할 수 있었던 비결은 뭘까?

첫째, 어떤 일이든 깊게 파는 거야.
'몰입'이라는 말 알지? 성공을 거둔 사람 대부분 한 가지 목표를 세우면 그것을 이루기 위해 모든 것을 쏟아부어. 세계적인 투자가이자 부자인 워런 버핏도 어린 시절 껌을 팔아 돈을 버는 경험을 했고, 여러 아르바이트를 하다가 열한

살부터 주식 투자를 하게 됐어. 워런 버핏은 한번 목표로 삼은 것은 집중해서 끝까지 해내는 성격으로 유명해. 한번은 친구를 통해 컴퓨터로 브리지게임을 하게 되었는데, 처음 출전한 세계 브리지 챔피언십 결승전에 올라갈 정도로 실력을 쌓았지. 워런 버핏의 이러한 몰입과 끈기는 주식 투자에서도 그대로 드러나. 기업에 투자할 때 기업이 펼치는 사업을 자신이 이해할 수 있는지, 그 분야가 경제성이 있는지 또는 경영진이 괜찮은지 오랜 시간 잘 봐 두었다가 합리적인 가격이 왔을 때 재빨리 주식을 사들였어. 그렇게 산 좋은 주식들을 계속 갖고 있었기에 지금의 부를 이루게 됐지.

둘째, 일단 시작해.
　보통 사람들은 목표와 계획을 세우면, 그 자체로 뿌듯해하거나 '내일부터 해야지.'라고 생각해. 하지만 막상 내일이 되면 또 다음 날로 미루게 되고, 결국 아무것도 하지 못하지. 하지만 성공한 사람들은 일단 시작한단다. 아이디어를 떠올리기만 하는 것이 아니라 생각한 것을 당장 행동으로 옮겨 보는 거야. 어릴 때일수록 이런저런 고민을 하지 않고, 일단 도전하고 부딪혀가며 배우는 게 좋아.

왜냐고? 실패해도 크게 손해 보지 않으니까. 아직 어리기 때문에 실패해도 빨리 고칠 수 있잖아. 그렇게 직접 실행하고 행동해서 겪은 경험이 목표에 더 빨리 다가갈 수 있도록 돕는 거지.

셋째, 끊임없이 배워.

빠르게 부를 일군 부자들은 배우는 데 두려움이나 주저함이 없어. 자신이 성공하고 싶은 분야에 관한 정보와 지식을 끊임없이 배워 나가지. 억지로 하는 게 아니라 좋아서 하는 거야. 책이나 강의, 아니면 그 분야에 성공한 사람에게

메일을 써서 궁금한 걸 물어볼 수도 있어.

　파키스탄에 말랄라 유사프자이라는 어린 소녀가 있었어. 파키스탄은 인도와 이란 등 다른 나라와의 전쟁은 물론 끊임없는 내전으로 많은 국민이 고통받고 있는 나라 가운데 하나야. 말랄라 유사프자이는 열한 살 때부터 교육의 중요성을 깨닫고, 인권에 관해 공부하기 시작했어. 그러고는 파키스탄 여성 인권 현실에 대해 알리기 시작했지. 심지어 총상을 입고도 손에서 책을 놓지 않았어.

　그 결과 열일곱 살에 최연소 노벨평화상을 수상해. 그리고 세계적인 명문대인 옥스퍼드 대학에 입학해서 철학과 정치학, 경제학 등 세 개 분야 학문을 공부한 후 졸업했지. 말랄라는 기금을 설립해 전 세계 10개국 이상에서 활동하며, 공부하지 못한 어린이들에게 공부할 기회를 주기도 했어. 물론 부자는 아니지만 자기가 필요한 분야의 학문을 배워서 전문성을 갖추었고, 재단을 설립해 어려운 사람들을 도왔어. 돈으로 개인의 삶을 바꾸는 데 그치지 않고 다른 사람과 세상을 바꾼 거란다.

　이들의 공통점을 통해 너희가 꼭 알았으면 좋겠어. 공부는

누가 시켜서 억지로 하는 것이 아니라 내가 커서 하고자 하는 일을 행동으로 옮길 수 있게 해 주기 때문에 꼭 필요하다는 사실을 말이야. 부를 이루는 것도 마찬가지야. 단순히 부자가 목적이 아니라 나와 세상을 이롭게 발전시킬 수 있는 목표를 좇다 보면 그 과정에서 따라 오게 되어 있단다.

글을 마치며

아빠는 어릴 때 근사한 브랜드 가방 하나 없었어. 집안 살림은 늘 빠듯해서 학원은커녕 대학도 가지 못했지. 그때는 내가 부자가 아닌 것이 환경 탓이라고 생각했단다.

하지만 책을 읽고 생각이 바뀌었지. 우리가 알 만한 부자들 모두 재벌 2세, 3세일 것 같지만 아무것도 없었던 어린 시절부터 스스로 길을 개척해서 부를 일군 사람도 많아. 아빠 역시 아무것도 없었지만 스스로 목표한 것을 일구고 마침내 부자가 될 수 있다고 믿기로 했지.

그래서 일단 다달이 규칙적인 생활을 할 수 있는 플래너를 만들었어. 그날의 기상 시간과 취침 시간, 주요 일정, 읽은

책 제목 등을 적었지. 그리고 날마다 아침 다짐을 쓰고, 우선순위와 감사 일기, 독서하다가 감명받은 문장, 아이디어를 적는 데일리 플래너도 따로 만들어 적었어. 처음에는 귀찮을 때도 있었지만 100일 동안 꾸준히 했더니 습관이 되었단다.

  이렇게 날마다 목표를 세우고, 실천하기 위해 노력하고, 하루를 감사하는 마음으로 마무리했더니 어떤 변화가 생겼는지 알아? 부를 위한 목표를 세웠을 때 그걸 이룰 힘이 생기더라. 만약 이 시기에 미리 공부해 두지 않았더라면, 무언가를 꾸준히 하는 습관이 없었더라면 부동산에 투자할 생각도, 좋은 부동산을 알아볼 안목도 갖추지 못했을 거야. 결국 꾸준히 하지도 못하고, 부를 이루는 열쇠도 찾지 못했겠지.

  "큰일을 해내는 유일한 방법은 아주 작은 일을 반복하는 것이다." 심리학자 로버트 마우어의 말이야. 아빠가 가장 좋아하는 말이기도 해.
  날마다 삼십 분 운동하기, 날마다 한 시간 외국어 공부하기, 날마다 한 시간 독서하기, 날마다 밀리지 않고 숙제하기

등. 다들 크고 작은 계획들이 있을 거야. 그런데 막상 매일 하기 쉽지 않지? 한두 번 빼먹는다고 큰일날 것 같지도 않고 말이야.

하지만 스스로 계획한 것들을 꾸준히 지키려는 노력이 나를 만드는 거란다. 매일 '꾸준하게 하는 힘' 즉, 끈기와 실행력이 근육처럼 몸에 배면 어떤 일이든 해낼 수 있어.

부자가 되는 것도 마찬 가지야. 쓸데없는 지출하지 않기, 날마다 100원 모으기, 용돈 기입장 쓰기 등을 날마다 하기

쉽지 않아. 어떤 날은 실컷 군것질도 하고 싶고, 어떤 날은 친구들 따라 판타지몬 카드가 사고 싶어질 수도 있지. 또 '이런 걸 한다고 부자가 되겠어?' 하는 의심이 생기기도 해. 하지만 이런 마음들을 꾹 참고 날마다 부자가 되기 위한 노력을 하면, 그간 내가 했던 노력들이 어느새 습관이 되어 진짜 부자가 되기 위한 밑거름이 되는 거야.

  돈은 단순히 모으는 것보다 어떻게 쓰고, 어떻게 나누고, 어떻게 불려 가는지가 더 중요하단다. 지금부터 작은 습관을 차곡차곡 쌓아 간다면, 이 글을 읽는 친구들도 언젠가 멋진 '부자'가 될 수 있을 거야. 부자는 돈이 많은 사람이 아니라, 꿈을 크게 그리고 그 꿈을 이루는 사람이라는 거 잊지 마.
  그럼 오늘부터 나만의 부자 습관을 시작해 볼까?

경제 용어 사전

ㄱ
개별소비세 특별한 물건을 살 때 붙는 세금이에요. 예를 들어 비싼 차나 명품 가방을 살 때 붙어요.
공산주의 모든 사람이 함께 나눠 쓰고, 돈 많은 사람과 적은 사람 차이가 없게 하자는 생각이에요.
관세 외국에서 물건을 가져올 때 붙는 세금이에요.
국세 나라에서 걷는 세금이에요.
근로소득세 일해서 받은 돈(월급)에 붙는 세금이에요.
금리 빌린 돈이나 예금 등에 붙는 이자의 비율이에요.
급여 일하고 받는 돈이에요.

ㄴ
나스닥 미국에 있는 큰 주식 거래 시장 이름이에요.
단리 처음 빌린 돈에만 이자가 붙는 계산이에요.
대출 돈을 빌리는 것을 말해요.

ㅁ
매도 주식이나 물건을 파는 것을 말해요.
매수 주식이나 물건을 사는 것을 말해요.
물가 물건 값이 얼마나 비싼지 알려 주는 거예요.
물물교환 돈 대신 물건과 물건을 바꾸는 거래예요.

ㅂ
배급량 정해진 기준에 따라 나누어 주는 물건의 양을 말해요.
배당금 회사가 돈을 벌면 회사의 주식을 가진 사람에게 나눠 주는 돈이에요.
법인세 회사가 내는 세금이에요.
복리 이자가 붙은 돈에도 또 이자가 붙는 계산 방법이에요.
부가세 물건이나 서비스를 살 때 붙는 세금이에요.

ㅅ
사업 어떤 일을 목적과 계획을 가지고 꾸준히 운영하는 거예요.
상속세 부모님 등에게 재산을 물려받을 때 내는 세금(돈)이에요.

세금 풍요로운 문명 생활을 누리는 대가로 국민 각자가 나누어 분담하는 공동 경비를 말해요. 즉, 세금은 행복하고 풍요로운 삶을 위한 '회비'라고 할 수 있어요.
소득세 돈을 벌면 내는 세금이에요.
수입 외국에서 물건을 들여오는 거예요.

ㅇ
양도소득세 집이나 땅을 팔아서 번 돈에 붙는 세금이에요.
예금 은행에 돈을 맡겨 두는 거예요.
이자 빌린 돈의 비율에 따라 내는 돈이에요.
인지세 중요한 문서를 만들 때 붙는 세금이에요.
임대 집이나 물건을 빌려주는 거예요.

ㅈ
자유주의 사람의 자유나 민주주의를 중요하게 여기자는 생각이에요.
저성장시대 경제가 천천히 자라는 시대예요.
적금 은행에 약속한 기간동안 돈을 조금씩 모아 두었다가, 나중에 한꺼번에 돈과 이자를 같이 돌려받는 거예요.
재테크 돈을 불리기 위한 여러 가지 방법이에요.
종합소득세 사람이 번 여러 가지 돈에 매기는 세금이에요.
증여세 누군가가 공짜로 준 재산에 붙는 세금이에요.
지방세 지방자치단체에서 주민에게 물리는 세금이에요.
지출 돈을 쓰는 거예요.

ㅊ
채권 나라나 회사가 돈을 빌리면서 주는 종이(증서)예요.

ㅋ
코스닥 회사들이 모여서 주식을 사고파는 우리나라 시장이에요.

ㅌ
투자 이익을 얻기 위해 돈이나 시간을 쏟는 거예요.

부를 이루게 도와주는 명언

저축

쓰고 남은 돈을 저축하지 말고, 저축하고 남은 돈을 써라.
돈이 생기면 반드시 먼저 저축부터 하라는 뜻이에요.
_워런 버핏, 세계적인 투자자 겸 버크셔 해서웨이 CEO

버는 것보다 항상 적게 쓰고, 조금씩이라도 늘 저축해야 한다.
수입보다 지출을 적게 하고 남는 돈을 저축하면 시간이 흐르며 큰 돈이 될 거예요.
_찰스 멍거, 세계적인 투자자

한 푼을 아끼는 것은 한 푼을 버는 것과 같다.
적은 돈이라도 절약하는 습관이 중요하다는 뜻이지요.
_벤저민 프랭클린, 미국의 발명가 겸 정치가

네가 돈을 관리하지 못하면 결국 돈이 너를 지배하게 될 것이다.
계획을 세워 돈을 다루는 법을 배우지 않으면 돈 때문에 어려움을 겪게 된다는 뜻이에요.
_데이브 램지, 재무 전문가 겸 작가

투자

투자에서 첫 번째 규칙은 절대 돈을 잃지 않는 것이다.
두 번째 규칙은 첫 번째 규칙을 절대 잊지 않는 것이다.
그만큼 조심해서 투자해야 한다는 뜻이지요.
_워런 버핏, 세계적인 투자자 겸 버크셔 해서웨이 CEO

누군가 오늘 나무 그늘에서 쉴 수 있는 건, 오래 전에 누군가 나무를 심었기 때문이다.
지금 하는 투자와 노력이 미래에 큰 도움을 준다는 뜻이지요.
_워런 버핏, 세계적인 투자자 겸 버크셔 해서웨이 CEO

잠잘 때도 돈이 들어오는 방법을 찾아야 한다.
돈이 일하게 하는 투자의 중요성을 강조한 말이에요.
_워런 버핏, 세계적인 투자자 겸 버크셔 해서웨이 CEO

투자에서 시간은 친구이고 충동은 적이다.
오래 꾸준히 투자하면 이익을 보지만, 조급한 마음에 급히 움직이면 손해를 본다는 뜻이에요.
_존 C. 보글, 세계적인 투자자 겸 뱅가드 그룹 창립자

사업

가장 큰 위험은 아무런 위험도 감수하지 않는 것이다.
새로운 일에 도전할 때 어느 정도 용기와 모험심이 필요하다는 뜻이에요.
_마크 저커버그, 페이스북 창업자

**실패해도 후회하지 않겠지만,
도전하지 않으면 그게 제일 후회로 남는다.**
무언가 새로운 일에 도전할 때 실패를 두려워하지 말라는 뜻이에요.
_제프 베조스, 아마존 창업자

정말 중요한 일이라면, 가능성이 희박해도 해야 하는 법이다.
어렵고 힘든 일이라도 가치 있는 일이라면 포기하지 말고 도전하라는
뜻이에요.
_일론 머스크, 테슬라·스페이스X 등 창업자

나는 실패한 것이 아니라 잘 안 되는 방법 일만 가지를 찾아낸 것뿐이다.
많은 실패를 겪더라도 포기하지 않고 계속 시도하면 결국 성공에
가까워진다는 의미예요.
_토머스 에디슨, 발명가이자 기업인

겉보기에는 갑자기 성공한 것처럼 보여도,
사실은 오랜 노력 끝에 이룬 성공인 경우가 대부분이다.
눈에 보이는 빠른 성공 뒤에는 긴 시간의 준비와 노력이 있다는 사실을
일깨워 주는 말이에요.
_스티브 잡스, 애플 창업자

부

내가 아는 가장 가난한 사람은 돈밖에 없는 사람이다.
돈만 많이 가진다고 부자가 아니라, 가족·친구·행복처럼 돈으로 살 수 없는
소중한 것이 있어야 진짜 부자라는 뜻이에요.
_존 D. 록펠러, 석유 사업으로 큰 부를 이룬 기업인

남을 이롭게 하지 않고 부자가 된 사람은 없다.
정당한 방법으로 다른 사람에게 도움을 주어야 자신도 부를 얻을 수 있다는 의미예요.
_앤드루 카네기, 강철 산업으로 거부가 된 기업인

돈만으로 자유로워지길 바란다면 절대 자유로울 수 없다.
이 세상에서 진짜 안전한 것은 지식과 경험, 그리고 능력이다.
돈보다 배움과 실력이 더 큰 힘이라는 것을 알려 주는 말이에요.
_헨리 포드, 포드 자동차 회사 창업자

돈은 목표가 아니다. 돈 그 자체로는 아무 가치가 없다.
돈으로 이룰 꿈과 목표가 있을 때 비로소 가치가 생기는 것이다.
돈은 그저 소중한 꿈을 이루기 위한 도구임을 깨우쳐 주는 말이에요.
_로버트 기요사키, 투자 교육가 겸 『부자 아빠 가난한 아빠』 저자

초판 1쇄 발행 2025년 9월 18일

지은이 유근용
펴낸이 김영조
편집 김시연, 진나경, 최희윤 | **디자인** 오주희 | **마케팅** 김민수, 강지현 | **제작** 김경묵
경영지원 정은진 | **외주 디자인** 권규빈 | **일러스트** 건빵이
펴낸곳 싸이클 | **주소** 서울시 마포구 양화로7길 44, 3층
전화 (02)335-0385 | **팩스** (02)335-0397
이메일 cypressbook1@naver.com | **홈페이지** www.cypressbook.co.kr
블로그 blog.naver.com/cypressbook1 | **포스트** post.naver.com/cypressbook1
인스타그램 싸이프레스 @cypress_book1 싸이클 @cycle_book
출판등록 2009년 11월 3일 제2010-000105호

ISBN 979-11-6032-256-9   73320

- 이 책은 저작권법에 따라 보호를 받는 저작물이므로 무단 전재 및 복제를 금합니다.
- 책값은 뒤표지에 있습니다.
- 파본은 구입하신 곳에서 교환해 드립니다.
- 싸이프레스는 여러분의 소중한 원고를 기다립니다.

싸이❤은 싸이프레스의 어린이 도서 브랜드입니다.